생각이 너무 많은 당신에게

심플한 인생을 위한 잡념 정리법

생각이 너무 많은 당신에게

글 / 한창욱

PROLOGUE

당신은 지금 어디에서
서성이고 있나요?

L은 거실 소파에 반쯤 기대어 드라마를 보고 있었다. 드라마는 클라이맥스를 향해 달려가고 있었다. 그러나 등장인물들의 분주한 움직임만 눈에 들어올 뿐 대사는 귀에 들어오지 않았고, 줄거리도 생각나지 않았다.

벽시계를 올려다보니 밤 11시가 넘어가고 있었다. 20년 넘게 다니던 회사를 그만두고, 3년째 일자리를 알아보고 있는 남편은 어디에서 뭘 하고 있는지 전화 한 통 없었다. 고등학생인 딸은 독서실에서, 중학생인 아들은 학원에서 돌아올 시간이었다.

"회사를 그만두는 게 아니었어."

그녀는 리모컨을 집으며 혼잣말을 중얼거렸다.

대학을 졸업하고 그녀는 국내 굴지의 무역 회사에 입사했다. 한창 일을 배우던 시기에 결혼했고, 첫아이를 임신하면서 직장을 그만두었다. 그때는 당연하게 생각했는데, 남편의 재취업 기간이 길어지자 조금씩 후회되기 시작했다. 경제적으로 아쉽기도 했지만 그보다도 나이는 먹어가는데, 인생에서 이룬 것이 아무것도 없다는 사실이 더없이 허망했다.

리모컨을 누르자 화면이 바뀌었다. 말끔한 옷차림의 강연자가 4차 산업혁명에 대해 열변을 토하고 있었다. AI, 빅 데이터, 사물 인터넷…. 그녀에게는 하나같이 낯선 용어들이었다. 세상은 눈앞에서 휙휙 스쳐 지나가고 있는데, 자신만 고장 난 장난감처럼 제자리에 멈춰 서 있는 것 같아 슬펐다.

"세상이 바뀌었다면…. 지금부터라도 배우면 되지 않을까?"

치매가 벌써 시작된 건지 사실 기억력도 예전 같지 않았다. 거기다가 아이들이 대학에 입학할 때까지는 누군가 뒷바라지를 해야만 했다.

어디선가 정체를 알 수 없는 연기 같은 것이 자욱하게 피어올랐고, 눈앞이 흐려졌다. 갑자기 수조 안에 갇힌 듯 숨이 턱 막혀왔다.

"언제까지 이렇게 살 수는 없어!"

그녀는 자리에서 벌떡 일어났다. 거실을 서성이다가 베란다로 나가서 밑을 내려다보았다. 아이들을 기다리는지 1305호에 사는 여자가 놀이터에서 혼자 그네를 타고 있었다. 멀리서 급박한 사이렌 소리가 들려왔다. 흔들리는 그네를 보며 그녀는 오래된 습관처럼 엄지손톱을 물어뜯었다.

★

주말 오후, 커피숍은 한산했다.

H는 커피를 한 모금 마시고는 맞은편 친구를 보았다. 10분이 넘도록 고개를 숙인 채 쇼핑몰에서 자전거를 고르는 중이었다.

"이거 실화냐? 무슨 놈의 자전거가 탈 만하다 싶으면 천만 원이 넘냐."

"초보 주제에 눈만 높아서…. 대충 싼 걸로 사."

"나도 그러고 싶지! 그래도 명색이 회사 동호회인데, 십만 원짜리 자전거 끌고 나갈 수는 없잖아?"

"그럼 외발 자전거를 사든지. 바퀴가 하나니까 아무래도 쌀 거 아냐?"

그는 실없는 농담을 던지고는 휴대폰을 집어 들었다. 어플리케이션을 켜고 미국 주식부터 들여다보았다. 투자 기간은 1년 정도 불과하지만 전체적으로는 10% 남짓 수익이 나 있는 상황이었다.

문제는 코인이었다. 한국 주식은 빌빌거리고, 엔비디아 주가가 급등할 때였다. 지인이 AI 코인도 덩달아 뜰 거라고 해서 손실 보고 있던 한국 주식을 빼서 알트코인에 투자했다. 매수한 뒤 한동안은 상승 추세였다.

'20% 정도 수익 났을 때 팔았어야 했어.'

욕심이 화근이었다. 추세가 꺾이면서 하락했고, 원금 부근에서 잠시 주춤거리나 싶더니 손실로 전환했다. 하락폭이 너무 깊다 싶어서 마이너스통장을 만들어 물타기를 시도했다. 반등도 잠시, 결국 1년 만에 반 토막이 났다.

카톡 음이 울려서 들여다보니 모바일 청첩장이었다.

"야! 김진수, 결혼한대."

"헤어지네 마네 드라마를 찍더니 결국은 하는구나. 참, 다들 재주도 좋아!"

그는 손가락으로 사진첩을 밀어 넘겼다. 꽃다발을 들고 환하게 웃는 신부 옆에서 행복한 미소를 머금고 있는 고등학교 동창을 보고 있으니, 알 수 없는 불안감이 바퀴벌레처럼 스멀스멀 기어 올라왔다.

"나도 결혼할 수 있을까? 이러다 강제 독신주의자가 되는 거 아냐?"

대학을 졸업할 때까지만 해도 취업 후에는 자연스럽게 가정을 꾸릴 줄 알았다. 그러나 결혼 적령기가 다가올수록, 결혼이 그렇게 단순한 문제가 아니라는 사실을 통감했다.

좋은 신부를 만나는 문제는 차치하고, 신혼집을 구하는 것부터가 난관이었다. 나이는 30대 중반, 중견기업에 취업한 지도 7년 차였지만 저축한 돈은 많지 않았다. 통장에 월급이 들어와도 카드값, 오피스텔 월세, 관리비, 휴대폰비, 각종 경조사비 등등이 빠져나가고 나면 남는 돈은 얼마 되지 않았다.

결혼해서 직장 근처에다 전셋집이라도 얻으려면 부모의 도움 없이는 불가능했다. 하지만 경기도에 사는 부모도 재산이라고는 고작 집 한 채뿐이어서, 손을 벌릴 수도 없는 형편이었다. 그가 주식이나 코인으로 눈을 돌린 것도 이대로는 안 된다는 위기의식의 발로였다.

"야, 너무 걱정하지 마! 우리에게는 마지막 희망인 로또가 있잖아."

자전거를 고르던 친구가 혼잣말처럼 중얼거렸다.

그는 남은 커피를 홀짝 마셨다. 커피는 이미 차갑게 식어 있었다.

거리에는 어둠이 내리고 있었다. 유리창에 익숙한 오피스텔 풍경이 비쳤다. 등이 굽고, 머리가 희끗희끗한 노인이 혼자서 쓸쓸히 밥을 먹고 있었다. 순간, 심장이 덜컥 내려앉았다.

그는 못 볼 것이라도 본 것처럼 세차게 머리를 흔들어 환영을 지웠다. 가로등이 켜지는가 싶더니 땅거미가 빠르게 내려왔다. 그는 도로 건너편 아파트 숲을 한동안 올려다보았다. 마치 영원히 잡을 수 없는 신기루를 보고 있는 기분이었다.

★

P는 안대를 쓴 채 침대에 누워 있었다. 머릿속으로 양을 그리며, 천천히 숫자를 세어갔다. 200 넘게 세었는데도 잠이 올 기미가 보이지 않았다.

그녀는 안대를 벗고, 습관처럼 머리맡의 휴대폰을 집어 들었다. 어느새 2시가 훌쩍 지나 있었다. 그녀는 습관적으로 쇼츠를 보기 시작했다. 영상 속 인물과 팀장, 팀원들의 얼굴이 겹쳐졌다.

내일은 신상품 아이디어를 발표하는 중요한 날이었다. 시안은 잡았지만 자신이 없었다. 디자인 부서에서 근무한 지도 어느덧 3년 차였다. 지금까지의 경험상 칭찬보다는 비난을 들을 게 뻔했다.

문득, 전임 팀장이 떠올랐다. 그녀는 실력도 좋고, 인성도 좋아서 그녀의 롤 모델이기도 했다. 신입 사원이어서 그랬겠지만 비난보다는 격려를 해주려 노력했고, 한 가지라도 더 가르쳐주려고 했다.

팀장이 바뀐 건 1년 전이었다. 실력이 좋은지는 몰라도 인성은 개차반이었다. 그녀가 가장 듣기 싫어하는 말을 빠르게 포착했고, 서슴지 않고 찔렀다.

"3년 차라며? 곰도 백일이 지나면 인간이 되는데, 너는 도대체 얼마나 지나야 한 사람 몫을 할래?"

팀장이 바뀌면서부터 그녀의 디자인 시안은 쓰레기통에 처박히기 일쑤였다. 한번 팀장의 눈 밖에 나기 시작하자 옷차림까지 트집을 잡았다.

"의상 디자이너가 옷이 그게 뭐니? 그런 안목으로 무슨 디자인을 해! 지금이라도 다른 일을 찾아봐야 하는 거 아냐?"

비난에 익숙해지다 보니, 그녀는 사람들을 만나기가 점점 두려워졌다. 대학 동기들은 디자인 솜씨나 아이디어가 부족한 것이 아니라 대인관계에 문제가 있다고 진단했다. 실력을 쌓기보다 팀장과 가까워지는 일이 급선무라고 했다.

그녀라고 해서 시도해보지 않은 것은 아니었다. 출장이나 외국 여행을 갔다 올 때는 팀장의 취향을 고려해서, 값비싼 선물을 사 오곤 했다. 하지만 효과는 잠시뿐이었다. 화를 누그러뜨릴 수는 있었지만 잔소리까지 피할 수는 없었다.

'나는 왜 이렇게 일을 못할까?'

회사만 생각하면 스트레스가 이만저만이 아니었다. 주 5일제와 52시간 근무가 자리를 잡았다고 하지만 그녀가 다니는 회사는 아니었다. 야근은 일상이었고, 신제품 출시가 다가오면 주말에도 출근해야 했다.

과다한 업무보다도 그녀를 더 괴롭히는 것은 팀장과의 불화 그리고 팀원들의 차가운 시선, 미래에 대한 불안이었다.

'내가 과연 디자이너로서 이 바닥에서 성공할 수 있을까?'

시계를 보니 어느덧 새벽 4시였다.

그녀는 휴대폰을 내던지고 안대를 썼다. 잠깐이라도 눈을 붙이고 싶었다. 그러나 머릿속은 오랜 세월 버리지 않고 계속 물건만 사들였다는 어떤 여자의 방 안처럼 엉망진창이었다.

'차라리, 영원히 잠들었으면…'

★

K는 오늘도 집까지 세 정거장을 남겨두고 전동차에서 내렸다. 역에서 나오자 어둠이 깔리기 시작했다. 빠르게 걷다 보니 반짝거리는 화려한 네온사인이 보였다.

거리와 음식점, 게임장에는 활기 가득한 청년들로 넘쳐흘렀다. 그는 비로소 걸음을 늦추고, 천천히 먹자골목 안으로 들어갔다.

대학가에서 친구들과 어울려 놀던 때가 엊그제 같은데 어느덧 중년이었다. 은행에 취직하고, 결혼해서 두 아이를 키우는 사이 한 몸 같았던 친구들은 뿔뿔이 흩어졌다. 그는 어느새 대학생이 된 큰아들에게서 자신의 옛 모습을 발견할 때마다 흠칫 놀라곤 했다.

'나는 도대체 왜 사는 걸까?'

근래 들어 그는 자신에게 삶의 의미를 묻곤 했다.

결혼하고 나서 한동안은 일에 파묻혀 지냈다. 아이들이 태어나고부터는 내 집 장만을 위해서 자린고비를 자청했다. 직장과 집을 오가며 달려온 세월이었다.

그는 은행 지점에서 여신 업무를 주로 처리했다. 회사에서는 10여 년 전에 처음으로 희망퇴직 신청을 받았다. 처음에는 자신과 상관없는 일이라고 여겼다. 한 번으로 끝날 줄 알았는데 3, 4년에 한 번씩 반복되었다.

세상은 빠르게 변화했다. 핀테크 기업의 등장, 디지털 금융의 급부상 등으로 비대면 거래가 폭발적으로 증가하자 비대면 채널을 강화하고, 특화된 고객 서비스를 제공하는 방향으로 전체적인 전략이 수정되었다.

비용 절감 차원에서 지점은 빠르게 축소되었고, AI 챗봇, 로보 어드바이저 등 AI 기반 금융 서비스가 확대되면서, 은행 직원들도 새로운 얼굴로 교체되었다.

'나도 이쯤에서 나가줘야 하지 않을까?'

그는 은근한 압력을 느끼고 있었다. 퇴직 조건은 다른 업종에 비하면 양호한 편이었다. 희망 퇴직금이 적지 않아서 프랜차이즈 창업쯤은 시작할 수 있는 액수였다.

'뭘 해서 먹고 살지?'

그는 걸음을 늦추고 손님들로 북적거리는 가게 안을 유심히 들여다보았다.

자영업자들에게 대출해주는 일은 그가 오랫동안 해왔던 여신 업무의 일부였다. 겉보기에는 장사가 잘되는 듯 보여도 실상은 달랐다. 음식점의 경우 5년 생존율은 고작 20%에 불과했다.

다섯 곳 중 한 곳만 살아남는다는 의미였다.

'내가 잘할 수 있을까?'

누구는 "질 자신이 없다!"고 했지만 그는 솔직히 잘해낼 자신이 없었다.

맞은편에서 바람이 불어왔다. 갑자기 슬픔이 목 밑까지 차올랐다. 한눈팔지 않고 열심히 살아왔건만 오히려 무능한 인간이 된 것만 같아 슬펐다. 그는 자꾸만 움츠러드는 어깨를 의식적으로 펴며, 화려한 불빛 속으로 걸어 들어갔다.

★

20세기 미국의 대표적 사실주의 화가 에드워드 호퍼의 〈밤을 지새우는 사람들〉은 맨해튼 그리니치빌리지에 위치한 24시 커피숍에서 영감을 받아 그린 그림이다.

거리는 텅 비어 있고, 다른 건물들은 불이 모두 꺼져 있어 적막하다. 환하게 불을 밝힌 카페 안에는 하얀 옷에 하얀 모자를 쓴 카운터맨, 중절모를 쓰고 등을 돌린 채 앉아 있는 신사, 데이트 중인 남녀가 정면을 응시한 채 나란히 앉아 있다. 그들은 서로 대화하지 않고 각자의 생각에 잠겨 있다.

1942년도 작품인 〈밤을 지새우는 사람들〉에는 제2차 세계대전과 대공황 이후, 미국인들이 겪던 경제적 어려움과 심리적 소외감, 도시화 속에서 느끼는 고립감 등이 절묘하게 담겨 있다.

흥미롭게도 이 작품은 21세기를 살아가고 있는 우리의 모습과 놀랍도록 닮아 있다. 침묵에 잠겨 있는 그림 속 인물들은 저마다 스마트폰을 들여다보며 어딘가와 연결되어 있지만 마음은 공허한 현대인을 연상시킨다.

우리는 지구상에 존재했던 그 어떤 인류보다 바쁜 일상을 살아가고 있지만 정작 중요한 가치를 잃어버린 채, 잡념의 늪에 갇혀 고립되어 있다. 에드워드 호퍼의 그림에 나오는 인물들처럼 길을 잃은 채 '그 어딘가'에서 서성이고 있다.

그렇다면 우리들로 하여금 길을 잃게 만든 것은 무엇일까?

바로 '잡념'이다. 잡념은 삶을 복잡하게 만들고, 행복을 방해하는 근본 요인이다. 경쟁과 비교, 완벽주의에 대한 강박, 과도한 정보와 선택의 불안 등이 대표적인 사례라 할 수 있다. 또한 과거에 대한 후회, 자신감 부족에서 비롯된 자책감, 무의미한 날들을 보내고 난 뒤의 허탈감도 우리를 잡념에 빠져들게 한다.

행복한 인생을 살아가는 데 얼마나 많은 생각이 필요한 걸까?

심리학자들은 행복을 결정하는 것은 '생각의 양'이 아니라 '생각의 질'이라고 입을 모아서 말한다.

많은 사람이 착각하는 것 중 하나는 더 많이 생각할수록 더 나은 결정을 내릴 수 있고, 더 행복해질 수 있다는 믿음이다. 하지만 이는 사실이 아니다.

인간은 한정된 자원으로, 한정된 시간 속을 살아가는 감정의 동물이다. 과도한 생각은 오히려 불안과 후회와 같은 부정적인 감정을 증폭시켜 불행을 초래할뿐더러, 에너지를 고갈시키고 집중력을 떨어뜨려, 판단력을 흐리게 만든다.

행복한 인생을 살기 위해서는 '심플한 사고'가 필요하다. 심플한 사고는 삶을 더욱 명확하게 비춰주고, 지금 이 순간에 온전히 몰입할 수 있도록 돕는다. 마치 시끄러운 일상의 소음에서 벗어나, 고요한 자연의 소리를 듣는 것처럼 마음의 평화를 선물한다. 《걱정이 많아서 걱정인 당신에게》가 걱정을 조금이라도 덜어주기 위해 기획했다면, 《생각이 너무 많은 당신에게》는 심플한 사고를 돕기 위함이다.

이 책은 총 4장으로 이루어져 있다. 1장은 나를 지치게 만드는 잡념에 대해, 2장은 잡념의 원인인 나쁜 습관 없애는 방법에 대해, 3장은 불편한 감정으로부터 나 자신을 지키는 법에 대해, 4장은 심플한 삶을 위해 필요한 자세에 대해 심리학과 뇌과학, 인문학 지식을 활용해서 심도 있게 다루었다.

이 책을 읽는 모든 분이 잡념에서 벗어나, 단순하고 평온한 기쁨을 찾기를 진심으로 기원한다.

한창욱

C/O/N/T/E/N/T/S

PROLOGUE
당신은 지금 어디에서 서성이고 있나요? ⋯ 004

CHAPTER 1

잡념이 나를 지치게 한다

01 왜 이렇게 잠이 안 올까?	022
02 인생에 도움 안 되는 생각 vs. 도움 되는 생각	027
03 걱정을 실제로 본 적이 있나요?	031
04 내 머릿속에 스토리 작가가 산다	035
05 걱정도 다이어트가 필요하다	042
06 나는 왜 엉뚱한 일에 몰두하고 있을까?	047
07 타인의 비판에 신경 쓰지 않아도 되는 이유	051
08 불확실하니까 인생이다	056
09 확증이 없으면 의심하지 마라	061
10 나는 왜 선뜻 결정을 못 하는 걸까?	066
11 나는 왜 비슷한 생각만 하며 사는 걸까?	071
12 머릿속 혼란을 잠재우는 5가지 잡념 정리법	077
13 덜 생각해도 되는 용기	082

CHAPTER 2

잡념을 부르는 나쁜 습관 죽이기	14 내 인생 갉아먹는 걱정과 불안	090
	15 무심코 한 행동이 후회를 부른다	096
	16 자책하지 마라, 자존감 떨어진다	101
	17 눈치 보지 마라, 아무도 나에게 관심이 없다	107
	18 티끌 같은 걱정도 쌓이면 태산이 된다	114
	19 비교하지 마라, 내 삶을 살기도 버겁다	120
	20 불평하지 마라, 성공과 멀어진다	126
	21 시간관리만 잘해도 머릿속이 개운하다	133
	22 완벽해지려고 애쓰지 마라, 마음만 상한다	139
	23 불필요한 정보가 잡념을 부른다	146

CHAPTER 3

불편한 감정으로 부터 나를 지키는 법

24	감정을 이해하면 불안도 해소된다	154
25	견디는 것이 아니라 무너져가고 있는 중이다	160
26	화를 내면 네가 아프고, 화를 참으면 내가 아프다	166
27	배신은 예정된 손님이다	173
28	불편한 대화 중에도 나를 지키며 소통하는 법	181
29	타인의 비판이나 비난에 대처하는 자세	189
30	불안과 친하게 지내는 법	197
31	상처는 크기가 아니라 해석에 달렸다	205
32	불편한 관계에서 나를 지키는 법	213
33	불편한 감정을 해소하는 SNS 활용법	220
34	세월이 흐르면 상처도 사라질까?	228

CHAPTER 4

심플한
삶을 위해
필요한
자세

35	지금 그대로의 나를 받아들여라	238
36	알아두면 유익한 생각 정리의 기술	245
37	여백을 사랑하라	252
38	충분함을 발견하는 지혜	259
39	나를 지키는 거절의 힘	266
40	온전한 나를 만나는 시간	273
41	최상의 루틴을 찾아라	280
42	단순함 속 깊이를 더하는 배움	286
43	디지털 디톡스, 내면의 평화 찾기	293
44	가슴 뛰는 삶의 디자인, 버킷리스트	300
45	일상이라는 정원의 작은 꽃들	306

"대부분의 문제는 본질적으로 잡념에서 시작된다.
잡념을 없애는 것이 문제를 푸는 첫 번째 단계이다."

_알랭 드 보통

CHAPTER 1

잡념이 나를 지치게 한다

01

왜 이렇게 잠이
안 올까?

> 불면증 환자들의 집합은 존재하지 않을 것만 같은 집단이지만 대부분의 연구 보고서에 따르면 그 수는 점차 늘어나고 있다. 전염병 수준에 가까울 정도로 많은 사람의 신체가 호흡이나 소화, 호르몬 생성과 같이 당연히 수행해야 할 자신의 임무를 망각하고 있는 듯하다(역학자들이 그린 세계 질병 지도에서 우리가 차지하는 면적이 산불처럼 빠르게 번져나가고 있다).
>
> - 마리나 벤저민, 《나의 친애하는 불면증》 중에서

잠자리에 누워도 30분 넘게 잠이 오지 않아 괴로웠던 경험, 다들 한 번쯤은 있으리라.

나도 한동안 불면증으로 고생했던 적이 있다. 젊었을 때는 머리만 눕히면 곧바로 잠들었는데, 언제부터인가 밤에 잠이 오지 않았다. 그러다보니 낮잠을 자야 했고, 밤이 되면 불면증에 시달리는 악순환이 반복됐다. 낮잠을 자지 않고, 저녁 6시 이후에는 커피를 마시지 않고, 휴대폰을 비롯한 전자기기 사용을 일절 금지하고 나서야 불면증에서 벗어날 수 있었다.

영국 작가인 마리나 벤저민은 다양한 분야의 논픽션 글을 쓰는 작가이자 편집자이다. 《나의 친애하는 불면증》은 작가 자신이 오랜 시간 불면증에 시달리며 잠 못 드는 밤에 느꼈던 불안, 고독, 그리고 다양한 생각을 기록하고 있다. 문학, 미술, 신화학, 역사학, 심리학, 정신분석학 등을 자유롭게 넘나들며 불면증을 다각도에서 조명하고 있다.

불면증 환자의 수는 세계적으로 꾸준한 증가 추세에 있다. 한국인이라고 해서 예외는 아니다. 국민건강보험공단에서 2023년 11월에 발표한, 2018년부터 2022년까지 '수면장애' 환자의 건강보험 진료 현황에 따르면 2022년에만 한국인 109만여 명이 불면증을 호소하며 병원을 찾았다. 5년 사이 그 숫자는 무려 28%나 증가했다.

마치 전염병처럼 불면증 환자가 급속도로 늘어나고 있다. 흥미로운 점은 남성의 증가세가 여성보다 가파르다는 점이다. 이는 불면증이 단순히 개인의 문제가 아니라 시대적 문제임을 보여주는 수치라 할 수 있다.

전문가들은 불면증의 원인으로 우울증이나 불안장애 같은 정신질환, 만성통증과 호흡기질환 같은 신체질환, 잠자리에서 스마트폰이나 태블릿 같은 디지털 기기 사용, 과도한 카페인 섭취, 잦은 야식 등으로 인한 불규칙한 생활 습관, 과도한 업무나 대인관계, 미래에 대한 불확실성에서 오는 스트레스 등을 꼽는다.

불면증을 해결하는 방법으로는 규칙적인 수면 습관, 수면 환경 개선, 낮잠 피하기, 카페인이나 알코올 제한, 규칙적인 운동, 따뜻한 물로 샤워하기, 명상이나 요가 등을 통한 스트레스관리, 잠자기 1~2시간 전부터 디지털 기기 사용을 자제하는 디지털 디톡스, 수면 일기 작성, 전문가 상담 등을 제시한다.

인생이 고해라면 단잠은 '희망'이라 할 수 있다. 단잠을 자는 것만으로도 해결할 수 없었던 인생의 난제들이 저절로 해소되기도 한다.

단잠이 인류에게 '희망'인 까닭은 인간의 뇌는 잠자는 동안 단순히 쉬는 것이 아니라, 낮 동안의 활동을 정리하고 다음 활동을 위한 준비 작업을 한다. 기억을 저장하고, 노폐물을 청소하며, 뇌 회로를 재정비하는 등 다양한 작업을 수행함으로써 우리의 인지 기능과 신체 건강을 유지하고 보수한다. 이 과정에서 스스로 복잡한 문제의 해결책을 찾아내기도 한다.

불면증의 원인은 다양하지만 불면증 환자가 점점 늘어나는 이유는 개인적 요인뿐 아니라 현대 사회의 특성과도 깊은 연관이 있다.

현대인의 뇌는 과거 어느 인류보다도 더 많은 생각과 자극에 시달리고 있다. 불면증은 단순히 '잠 못 드는 문제'가 아니라 우리의 뇌가 꺼지지 않는 신호등처럼 멈출 수 없는 악순환에 빠졌음을 보여주는 신호인지도 모른다.

과도한 정보와 자극으로 인한 뇌의 피로, 끊임없는 경쟁과 불안으로 인한 심리적 압박, 야간활동이나 교대 근무 같은 불규칙한 생활 패턴, 삶의 복잡성으로 인한 각종 스트레스 등이 오늘 밤도 우리를 잠 못 들게 한다.

"절망에서 희망으로 건너가는 가장 좋은 다리는 밤에 자는 단잠이다."

- 일라이 조셉 코스만

건강한 삶을 위해서는 충분한 수면 시간을 확보하고, 수면의 질을 높이기 위한 노력을 기울여야 한다. 미국의 사업가인 일라이 조셉 코스만의 명언처럼 단잠은 때로는 우리에게 희망을 선물한다.

만약 우리가 복잡해진 인생을 심플하게 살아갈 수 있다면, 실컷 놀다가 돌아와서 곤히 잠든 천진난만한 아이처럼 단잠에 빠져들지 않겠는가?

우리는 지금 그 해답을 찾기 위한 여정의 첫걸음을 내딛고 있다.

02

인생에 도움 안 되는 생각 vs. 도움 되는 생각

우리 인생의 옷장은 일 년에 한 번, 한 달에 한 번, 혹은 한 주에 한 번, 이렇게 주기적으로 정리하는 게 아니라, 일이 주어질 때마다 그것을 받아들일지 거부할지를 판단하고 수시로 정리해야 한다. 그리고 이 과정에서 우리는 수많은 괜찮아 보이는 일들 가운데 정말로 중요한 것만을 추려낼 줄 알아야 한다. 더 적은 수의 더 좋은 일들을 골라서 실천함으로써 우리 인생의 제한된 시간을 더욱 효율적으로 활용하고, 이러한 방식을 통해 우리가 이뤄낼 수 있는 최대한의 성과를 이뤄내야 하는 것이다.

- 그렉 맥커운, 《에센셜리즘》 중에서

가끔 옷장을 정리하듯이, 복잡한 생각을 정리하며 살아가는가? 아니면 생각이 저절로 사라질 때까지 기다리는가?

나는 수시로 생각을 정리하며 살아간다. 잡념으로 머릿속이 복잡할 때는 혼자서 산길을 걷는다. 짧게는 4시간 남짓 걷고, 어떤 날은 12시간을 걷기도 한다. 걸으면서 나를 힘들게 하는 생각과 감정의 정체를 깨닫고, 하나의 결론을 내리면 잡념이 사라지고 머릿속이 개운해진다.

영국 출신의 작가이자 강연가인 그렉 맥커운의《에센셜리즘》은 더 좋은 것을 추려내어 역량을 집중해서, 최대한 성과를 올리는 방법에 관해 다루고 있다. 즉, '탐색 – 선택 – 집중'의 과정을 통해 진정으로 중요한 것을 찾아서, 본질에 집중하는 삶을 강조한다. '더 작지만 더 좋은 결과'를 도출해내면 삶의 만족도 또한 높아지게 마련이다.

인간은 생각하는 동물이므로 하루에도 수많은 생각을 하며 살아간다. 그렇다면 우리 인생을 복잡하게 만들 뿐 도움이 안 되는 생각에는 어떤 것들이 있을까?

과거에 대한 후회, 미래에 대한 과도한 걱정, 비현실적인 상상, 타인의 평가에 대한 집착, 자기비하적인 사고 등은 우리의 마음을 끊임없이 괴롭히지만 실질적으로는 인생에 아무 도움도 되지 않는다. 심리학자들은 이를 부정적 감정(불안, 우울, 스트레스 등)의 주요 원인으로 꼽는다. 이러한 생각들은 집중력을 떨어뜨리고, 결정 과정에서 혼란을 일으키고, 대인관계를 약화시킨다.

그렇다면 인생에 도움 되는, 우리 삶을 더 나은 방향으로 이끄는 꼭 필요한 생각으로는 어떤 것들이 있을까?

심리학자들은 '나는 어떤 사람이고 나는 무엇을 좋아하는가?'에 대해서 묻고 답하는 식의 자기 이해와 수용, 긍정적인 사고, 감사하는 마음, 균형 잡힌 생각, 자기 성찰, 공감적 사고, 도덕적 가치관, 회복탄력성 등을 필요한 생각으로 분류한다. 반면 뇌과학자들은 의사결정, 문제해결, 학습, 언어, 공간 지각과 관련된 것들을 생존에 꼭 필요한 생각으로 분류한다.

당신은 오늘 무슨 생각을 하며 살아가고 있는가?

하루를 살아가다 보면 인간의 머릿속에는 보석 같은 생각이 반짝일 때도 있지만 무수히 많은 쓰레기 같은 생각이 스쳐 지나간다. 잠깐 방심한 사이, 쓰레기 같은 생각들은 우리의 삶을 진흙탕 속으로 끌고 간다.

"우리는 오늘 우리의 생각이 데려다놓은 자리에 존재한다. 우리는 내일, 우리의 생각이 데려다놓을 자리에 존재할 것이다."
- 제임스 앨런

자기계발서의 고전《생각하는 대로》의 저자인 앨런의 명언처럼, 오늘 어떤 생각을 하느냐에 따라서 나의 미래가 달라진다는 점을 기억해야 한다.

심플한 삶을 위해서는 인생에 도움이 안 되는 무수한 잡념은 자연스럽게 흘려보내고, 삶을 더 나은 방향으로 이끄는 꼭 필요한 생각만 붙잡는 습관을 길러야 한다. 이러한 습관이 자리를 잡으면 비로소 혼탁했던 머릿속도 맑아지고, 눈앞의 삶에 온전히 집중할 수 있다.

비로소 내가 가야 할 길이 명확하게 보인다.

03

격정을 실제로
본 적이 있나요?

> *생각이라는 것은 일종의 질병입니다. 질병은 균형이 무너질 때 생깁니다. 균형이 무너진다는 것은 어떤 의미일까요? 예를 들어, 몸 안의 세포가 분열하고 증식하는 것 자체는 당연하고 자연스러운 상태입니다. 그러나 이 과정이 몸 전체의 질서와 상관없이 계속된다면, 세포들이 급격히 증가해서 병에 걸리게 됩니다.*
>
> *– 에크하르트 톨레, 《지금 이 순간을 살아라》 중에서*

당신은 요즘 무슨 일로 걱정하고 있는가? 식음도 전폐한 채 잡념에 사로잡혀서 괴로운 나날들을 보낸 적이 있는가?

2008년 글로벌 금융위기 때였다. 주식 시장이 폭락하자, 나는 마치 벼랑 끝에 서 있는 기분이었다. 수시로 시세 그래프를 들여다보면서 이런 추세라면 한 달 뒤에는 완전히 파산할 수도 있겠다는 공포에 사로잡혔다. 하지만 내가 상상했던 것만큼 큰 폭으로 하락하지 않았고, 우려했던 여러 일도 대부분 현실화되지 않았다.

독일 태생인 에크하르트 톨레는 스물아홉 살 때 깊은 우울증과 불안감에 시달리다가 문득 깨달음을 얻어, 영적 지도자가 되었다. 《지금 이 순간을 살아라》는 간결하면서도 심오한 메시지를 통해 우리가 과거에 대한 후회나 미래에 대한 불안에서 벗어나, 오직 '지금 이 순간'에 집중함으로써 진정한 평화와 깨달음을 얻을 수 있다고 강조하고 있다.

'지금 이 순간'에 집중하기 위한 방법으로 '마음 챙김 명상'을 권한다. 저자는 고통은 마음이 빚어낸다면서 과거는 기억 속에서만 존재하고, 미래는 생각의 투영일 뿐이니 현재 이 순간에 머무르는 습관을 길러야 한다는 것이다.

인간은 걱정의 실체를 과도하게 부풀리는 경향이 있다. 그 이유는 현미경을 들이대고 바라보기 때문이기도 하고, 태풍의 눈 안에 있으면 안전하듯이 걱정하는 동안은 걱정으로부터 어느 정도 해방되기 때문이기도 하고, 걱정했던 일이 실제로 닥쳤을 때 받을 충격을 완화시키기 위함이기도 하다.

모두가 그러하겠지만 나 역시 평생 이런저런 걱정을 하며 살아왔다. 하지만 상상했던 걱정의 실체를 본 적은 없다. 대부분의 걱정은 시간이 지나면서 연기처럼 사라졌고, 몇 개의 걱정은 현실화되어 눈앞에 나타났지만 그것들은 내가 상상했을 때만큼 두렵지도 않고, 흉측하지도 않았다.

우리가 하는 걱정은 두 종류로 간단히 분류할 수 있다. 이미 과거에 발생했거나, 가난한 부모에게서 태어난 것처럼 바꿀 수 없거나, 별 의미 없는 사소한 걱정들로 불필요한 걱정이 96%이고, '시험이 다가오는데 망치면 어떡하지?'처럼 노력 여하에 따라서 결과를 바꿀 수 있는 필요한 걱정은 고작 4%뿐이다. 인생을 살아가면서 96%의 불필요한 걱정만 덜어내도 삶이 심플해진다.

소문만 무성하고 실체가 없는 걱정을 처리하는 데는 몇 가지 기술적인 방법들이 있다. 걱정 목록을 작성해서 불필요한 걱정과 필요한 걱정으로 분류하기, 실제로 발생할 가능성을 수치로 표시하기, 최악의 시나리오 작성하기, 부정적인 사고 패턴을 긍정적인 사고 패턴으로 전환하기, 매일 걱정 시간을 정해놓고 걱정하기, '지금 이 걱정을 1년 후에도 계속할까?'라고 스스로 물어본 뒤 일시적인 걱정과 지속적인 걱정으로 분류하기, 걱정을 지인과 공유하기, 걱정 일기 쓰기, 마음 챙김 명상하기 등을 적절히 사용하면 불필요한 걱정을 덜어낼 수 있다.

"걱정은 마치 유령과 같아서, 그 실체를 보려고 하면 사라진다."
- 미셸 드 몽테뉴

《수상록》의 저자인 몽테뉴는 대부분의 걱정은 '미래에 결코 일어나지 않을 일에 대한 비현실적인 상상'에서 비롯된다고 보았다. 따라서 걱정을 향해 한 발짝 다가서면 유령처럼 사라진다고 조언한다.

우리는 수많은 걱정으로 인해 몸과 마음의 고통을 겪는다. 그러나 힘든 상황일수록 걱정의 실체를 확인하려는 노력을 기울여야 한다.

4%의 걱정은 더 나은 삶을 위해서 반드시 해결해야 하지만 96%의 걱정은 불필요하다. 마치 실제 존재한다기보다는 신화 속에 존재하는 동물과 유사하다. 결코 현실화될 수 없는, 인간의 뇌가 불러온 왜곡된 환상이라 할 수 있다.

04

내 머릿속에 스토리 작가가 산다

> 마침내 나는 비참한 심정으로 잠자리에 들었다. 그리고 비참한 심정으로 에스텔러 생각을 하다가 잠이 들었으며, 내 상속 가능성이 모두 취소되고, 내가 허버트의 클래러와 결혼식을 올리지 않으면 안 되게 되어 있고, 2만 명이나 되는 사람들 앞에서 대사를 스무 마디도 알지 못한 채 미스 해비셤의 유령을 상대로 햄릿 연기를 해야 하는 비참한 꿈을 연달아 꾸었다.
> - 찰스 디킨스, 《위대한 유산》 중에서

잠 못 이루는 밤, 온갖 부정적인 상상 때문에 괴로웠던 경험이 있는가? 잠을 청하려 눈을 감았지만 나의 의사와는 상관없는 스토리와 영상이 머릿속에서 펼쳐져서, 불안과 공포 속에서 밤을 꼴딱 지새웠던 적이 있는가?

나는 젊은 날, 옷 한 벌 살 수 없을 정도로 가난뱅이였다. 가난한 집이 싫어서, 고등학교를 졸업하자마자 전국의 공사장을 떠돌아다녔다. 고단한 노동을 마치고 허름한 숙소로 돌아와 잠자리에 누우면 몸은 고단한데도 잠이 오지 않아, 쥐 오줌으로 얼룩진 천장의 다이몬드 모양의 개수를 반복해서 세곤 했다.

숫자를 세는 동안에도 머릿속에는 무수한 장면들이 스쳐 지나갔다. 바닷가로 놀러 간 친구들이 물놀이하며 신나게 놀 때, 나 혼자 공사장에서 일하다 발을 헛디뎌 추락사하는 상상을 했고, 아무도 찾지 않는 허름한 판잣집에서 병들어 누운 채 가족들에게 마지막 편지를 쓰는 모습을 상상하곤 했다.

영국을 대표하는 작가인 찰스 디킨스의 《위대한 유산》은 19세기 당시의 시대상을 생생하게 담고 있다. 에스텔러와의 결혼을 통해 신분 상승을 꿈꾸는 주인공 핍은 사회적 지위가 낮은 데서 오는 불안, 에스텔러를 놓칠지도 모른다는 두려움, 현실과 이상 사이의 괴리감에서 오는 좌절감, 자신의 꿈이 좌절될지도 모른다는 공포 등에 사로잡혀서 쉽게 잠들지 못한다.

인간은 왜 자꾸만 자신의 의사와는 상관없는 부정적인 상상을 하는 걸까?

인간은 본질적으로 '스토리텔링'에 강한 종족이다. 인간의 두 뇌는 정교한 정보 처리 시스템을 갖추고 있다. 작은 정보만 주어져도 세상을 이해하고, 앞으로 닥칠 일을 예측하기 위한 각종 시뮬레이션을 한다.

인류는 오랜 세월 불확실한 환경 속에서 살아왔다. 그러다 보니 생존과 관련해서는 최악의 시나리오를 상상하는 경향이 있다. 동굴을 발견하면 제일 먼저 맹수를 떠올리고, 언제 있을지 모르는 맹수의 공격에 대비한다. 나무 위에 올라가서 열매를 채취할 때는 숨어 있던 뱀이 달려들 경우나 나뭇가지가 부러질 경우를 대비한다. 인간의 이러한 스토리텔링 능력은 인류가 생존하는 데 일등 공신이라 할 수 있다.

또한 인간은 의미를 찾고, 일종의 패턴을 분석하는 데 탁월한 능력을 지니고 있다. 아무 연관성이 없는 사건조차도 서로 연결하고 패턴을 분석해서, 그럴듯한 스토리를 만들어낸다. 이러한 능력은 우리의 사고와 문화를 진화시키는 데 기여했지만 때로는 과도한 상상과 걱정으로 이어져 자신을 스스로 자멸에 빠지게 한다.

스토리텔링 능력은 심리적 방어기제와 밀접한 관련이 있는데, 스트레스를 받을 때나 불안한 상태에서 활성화되는 경향이 있다.

미래에 대한 불확실성을 잠재적 위험으로 간주하고, 안전을 위해 만일의 사태에 대비하기 위한 부정적인 상상을 한다. 여러 상황을 시뮬레이션하며 회피 전략과 대비 전략을 세운다. 완벽주의 성향이 강하거나 자존감이 낮은 경우, 타인의 비판이나 자아비판의 강도 또한 높아서 최악의 시나리오를 상상하게 된다.

우리의 뇌는 우리가 만든 스토리를 현실로 믿어버린다. 이 과정에서 '확증 편향'이라는 심리적 메커니즘이 작동한다. 뇌는 우리의 신념에 맞는 증거만 끌어모으는 데 탁월해서, 부정적인 상상마저도 사실처럼 느껴지게 만든다.

그렇다면 머릿속의 스토리 작가는 왜 희극보다 비극을 즐겨 쓰는 걸까?

뇌가 아무 일도 하지 않고 멍때리거나 쉴 때는 주로 자기반성을 하거나 과거를 회상하거나 미래에 대한 시뮬레이션에 관여한다. 특히 과거의 잘못이나 미래에 대한 걱정과 관련해서는 과잉 몰입하는 경향이 있다. 또한 과거의 트라우마나 스트레스를 겪었던 경험은 뇌에 장기적인 영향을 미치는데, 부정적인 시나리오를 쓰는 데 밑거름이 된다.

뇌에서 공포와 위험을 주로 담당하는 곳은 편도체인데 불확실성이나 스트레스 같은 위험 신호에 민감하게 반응한다. 실제 위험보다 확대 해석하는 경향이 있어서, 비극적인 스토리를 짜는 데 한몫한다.

뇌가 실제 발생하지도 않을 일에 대해 스토리를 짜서 시뮬레이션을 돌리면서까지 사서 걱정을 하는 이유는 보상 시스템과도 연관이 깊다. 부정적인 상황을 걱정하면서 대비책을 나름 강구하게 되면, 뇌에서는 도파민이 분비되어서 스스로를 안심시킨다. 이러한 과정이 반복되면 걱정도 일종의 습관이 된다.

낮보다는 밤에 부정적인 상상이 한층 더 심해진다. 그 이유는 밤이 되면 상대적으로 외부 자극이 줄어들고 코르티솔 수치가 낮아지면서, 낮에 받아들인 정보를 정리하는 '디폴트 모드 네트워크(Default Mode Network, DMN)' 상태로 전환된다. 이때 낮에는 바빠서 미뤄두었던 감정적인 문제와 함께 자기반성, 과거 회상, 미래에 대한 시뮬레이션 활동이 활발해지면서 불안과 공포가 증폭된다.

불안과 공포물을 쉼 없이 쏟아내는, 머릿속 스토리 작가를 쉬게 하려면 전략적인 접근이 필요하다. 여기에는 네 가지 기술적인 방법이 있다.

하나, 걱정을 글로 적기

걱정을 종이에 적는 행위는 생각을 객관화할 수 있어서 걱정의 실체와 마주할 수 있다.

둘, 현재의 순간에 집중하기

심호흡이나 명상 등을 꾸준히 하면 과거나 미래에서 벗어나

지금 이 순간에 머물 수 있다.

셋, 긍정적인 대화 시도하기

상상이 지나칠 경우 "이번 작품은 재밌기는 한데 지나치게 극적이야" 하며 유머러스하게 넘기면 현실감을 되찾을 수 있다.

넷, 전문가의 도움 받기

계속 반복되는 부정적인 스토리의 늪에 갇혀 우울증이 심해지면 전문가의 도움을 받는다.

"걱정은 마치 씨앗과 같아서, 우리가 심을수록 자라난다."
- 《탈무드》

유대인의 삶과 신앙, 윤리, 법률, 역사, 철학, 민담 등 다채로운 지혜와 통찰을 담고 있어 '지혜의 보고'라고 불리는 《탈무드》에서도, 걱정은 하면 할수록 늘어난다고 경고하고 있다.

걱정은 실제로 자가 증식적인 속성을 지니고 있다. 인간은 머릿속 스토리 작가로 하여금 걱정 시나리오를 쓰게 해서, 걱정을 덜어보려는 경향이 있다. 더러는 최악의 시나리오를 쓰고 나면 걱정이 덜어지기도 한다. '그래봤자, 파산하기밖에 더하겠어?'라는 생각이 들면, 공포와 불안으로 옥죄어졌던 마음이 실제로 편해지기도 한다.

걱정에서 벗어나려면 내 머릿속 시나리오 작가의 스토리텔링 능력을 십분 활용해야 한다. 그러기 위해서는 삶의 균형을 잡을 줄 알아야 하고, 긍정적인 사고를 받아들일 필요가 있다.

우리의 인생에서 비극보다는 희극적인 시나리오가 필요한 까닭은 결국 인생의 주인공은 다름 아닌 바로 나 자신이기 때문이다.

05
걱정도 다이어트가 필요하다

> *신경 끄기야말로 세상을 구할 것이다. 그러기 위해선 '세상이 엉망진창이라는 것'과 '그래도 괜찮다는 것'을 받아들여야 한다. 왜냐면 세상은 여태 그래 왔고, 앞으로도 그럴 거니까.*
> *- 마크 맨슨, 《신경 끄기의 기술》 중에서*

지나고 보면 기억조차 나지 않을 정도로 사소한 걱정을 하며, 똥마려운 강아지처럼 끙끙 거렸던 적이 있는가?
 나도 오래전에 그런 경험을 했던 적이 있다. 믿었던 직장 동료가 사석에서 내가 불성실하다고 비난하는 것을 우연히 들었다. 당시 그 한마디는 나를 꽤 충격에 빠뜨렸고, 끊임없이 '내가 정말 불성실한 사람인가?'라며 되묻는 루프에 빠져들게 했다. 몇 주 동안 나는 혼란 속에 갇혀 지내야 했다.

인기 블로거이자 베스트셀러 작가인 마크 맨슨은 직설적인 문체로 독자들에게 통쾌함을 선사한다. 그는 《신경 끄기의 기술》에서 '긍정적인 사고만으로는 충분하지 않다'는 메시지를 전달하며, 오히려 '무엇에 신경 쓸지, 무엇에 신경 쓰지 않을지를 선택하는 것'이 중요하다고 강조한다. 예를 들면 타인의 평가, 사소한 실수, 완벽주의 등은 신경 쓸 필요가 없는 부류에 속한다는 것이다.

마크 맨슨이 말하는 '무엇에 신경 쓰지 않을지를 선택하는 것'이 바로 걱정 다이어트의 핵심 원리이다. 불필요한 걱정을 줄이고, 현재에 집중하여 삶의 질을 높이는 방법이라 할 수 있다. 이는 마치 다이어트를 통해 불필요한 지방을 제거하고 건강을 되찾는 것과 같다.

현대 사회는 과거 그 어느 때보다 풍요롭고 편리해졌지만 동시에 끊임없는 경쟁, 불확실한 미래, 복잡한 인간관계 등 다양한 스트레스 요인이 증가했다. 이러한 스트레스는 현대인들의 걱정과 불안을 증폭시키고, 정신 건강을 위협하는 주요 원인이 되고 있다. 따라서 현대인에게 '걱정 다이어트'는 선택이 아닌 필수라 할 수 있다.

인간은 종종 부정적인 사건을 과대평가하고, 긍정적인 사건을 과소평가하는 경향이 있다. 부정적인 사건에 대한 지속적인 걱정은 사고 패턴의 고정화를 불러와서, 일상의 작은 문제에서도 쉽게 스트레스를 받게 된다. 이러한 인지 왜곡과 부정적 사고는 불안장애나 우울증과 같은 정신 건강 문제로 이어질 수 있다.

사소한 걱정에도 민감하게 대응할 경우 편도체가 과도하게 활성화되어, 실제 위험보다 더 큰 불안과 공포를 느끼게 된다. 스트레스 상황에서는 코르티솔이 분비되게 마련인데, 과다 분비될 경우 기억력 감퇴, 면역력 저하, 수면장애 등을 유발한다.

뇌의 이런 메커니즘은 생존을 최우선으로 여기며 살아오다 보니 형성된 인류의 오랜 습관이라 할 수 있다. 하지만 현대에 와서는 생존을 위협할 만큼의 부정적인 사건이 일어날 확률은 극도로 낮아졌다. 한마디로 어지간한 걱정은 신경 끄고 살아도 괜찮은 세상이다.

그렇다면 걱정 다이어트는 어떻게 하는 걸까? 누구나 실천 가능한 여섯 가지 기술적인 방법을 소개한다.

★

하나, 4%의 필요한 걱정인지, 96%의 불필요한 걱정인지 분류하기
애매모호한 경우에는 걱정의 발생 가능성, 심각성, 해결 가능성 등을 고려하여 판단한다.

둘, 부정적 사고 패턴을 인식하고 교정하기

예를 들어서 '내가 하는 일은 항상 실패한다'라는 생각은 '나는 가끔 실수하지만, 대부분 잘해낸다'로 바꾼다.

셋, 정보 소비 제한하기

SNS, 뉴스, 인터넷 검색 등 정보 소비 시간을 제한하고, 부정적인 뉴스나 비교를 유발하는 콘텐츠는 피한다.

넷, 의미 있는 목표 설정하고, 작은 성취 축하하기

의미 있는 목표에 집중함으로써 사소한 걱정을 줄여나간다.

다섯, 마음 챙김 명상하기

앉거나 누워서 호흡에 집중한다. 떠오르는 생각이나 감정을 자연스럽게 흘려보내며 현재에 집중한다.

여섯, 걱정 시간 정해서 걱정하기

걱정이 많아서 일상에 지장이 있다면 아예 걱정하는 시간을 10~30분 사이로 정해놓고, 그 시간에만 걱정한다. 걱정 시간에 걱정 일기를 쓰는 것도 하나의 방법이다.

> "내면의 평화를 유지하기 위해서는 생각도 관리해야 한다. 불필요한 생각들을 줄이고 단순한 진실들과 함께하라."
> – 달라이 라마

티베트 불교의 정신적 지주인 달라이 라마는 단순한 진실과 함께하라고 충고한다. 진리는 복잡한 세상에 숨겨져 있어 찾기가 어려워서 그렇지, 실제로는 단순하고 명쾌하다.

  불필요한 생각이나 사소한 걱정은 우리를 진리에서 점점 더 멀어지게 한다. 심플한 인생을 살고 싶다면 머릿속을 먼저 비워야 한다.

06

나는 왜 엉뚱한 일에 몰두하고 있을까?

> 많은 사람이 일을 본격적으로 시작하기 전에 썩 중요하지 않은 일로 한 시간 이상을 허비한다. 우편물을 확인하거나 전화를 하는 대신 우선순위가 제일 높은 일로 하루 일과를 시작한다면 생산성이 얼마나 오를까? 변화하고 싶다면 출근하자마자 틀에 박힌 행동 양식을 따르는 대신, 해야 할 일을 의식적으로 선택해야 한다.
> - 닐 피오레, 《NOW 지금 바로 실행하라》 중에서

중요한 일을 앞두고 엉뚱한 일에 몰두해본 경험이 있는가? 나는 출판사와 약속한 원고 마감일 다가오자, 등산에 미친 사

람처럼 한 달 남짓 전국 산을 헤집고 다녔던 적이 있다. 원고 마감일은 점점 다가오는데 나는 아직 한 장도 원고를 쓰지 못한 상태였다.

왜 그랬을까? 나중에 곰곰이 생각해보니 스트레스 때문이었던 듯싶다. 원고 마감일이 다가오는데 시작도 하지 못했다는 스트레스가 나를 매일 산으로 향하게 했다.

심리학 박사이자 자기계발 분야 트레이너이기도 한 닐 피오레의 《NOW 지금 바로 실행하라》는 30년간의 연구 끝에 완성된 시간관리 전략서이다. 이 책은 미루는 습관의 근본 원인을 파악하고, 지금 바로 실행하는 습관을 만듦으로서 생산성을 높이기 위한 전략을 제시한다. 미루는 습관은 단순히 게으름이나 의지 부족이 아니라 스트레스, 두려움, 완벽주의 등에 기인한 심리적 방어 메커니즘이라는 것이 그의 주장이다.

그렇다면 우리는 왜 중요한 일을 앞두고 엉뚱한 일에 몰두하는 것일까?

심리학 용어 중에 '프로크래스티네이션(Procrastination)'이라는 용어가 있다. 라틴어 'pro(앞으로)'와 'crastinus(내일의)'가 합쳐져 생성된 단어로, '내일을 향해'라는 의미를 담고 있으며 '오늘 할 일을 내일로 미루는 행위'를 의미한다.

이 단어는 16세기에 처음 등장했으며, 1970년대에 미루는 심리에 대한 본격적인 연구가 이루어지면서 심리학 용어로 자리

잡았다.

프로크래스티네이션은 일종의 자기 방어기제이다. 이는 실패에 대한 두려움, 완벽주의, 낮은 자존감, 스트레스 등으로부터 도망치고자 하는 심리에서 비롯된다.

뇌과학에서는 쉽고 엉뚱한 일을 하면 도파민이 분비되는데, 이처럼 단기만족을 추구할 때 활성화되는 보상 시스템이 프로크래스티네이션을 강화한다고 보고 있다.

해결 방안으로는 큰 목표를 작게 나누어서 부담 줄이기, 완벽주의를 버리고 일단 시작하는 데 집중하기, 작은 성취라도 셀프 칭찬하며 자신감 키우기, 우선순위를 정한 뒤 시간을 효율적으로 관리하기, 명상이나 호흡 조절 등을 통해 '현재 이 순간'에 집중하기, 전문가의 도움받기 등이 있다.

> "시작하기 위해서 위대해질 필요는 없지만 위대해지려면 시작해야 한다."
> - 지그 지글러

《정상에서 만납시다》 등을 비롯해 세계적인 베스트셀러 작가이자 동기부여 강사인 지그 지글러의 명언처럼 시작하지 않으면 아무 일도 일어나지 않는다. 위대해지고 싶다면 완벽한 준비를 갖추기 위해 노력하기보다는 '일단 시작'하는, 실천력을 길러야 한다.

잡념은 우리의 실천력을 떨어뜨린다. 심플한 삶을 위해서는 멜 로빈슨의 '5초의 법칙'을 활용해보는 것도 좋은 방법이다. 로켓 발사 전 카운트다운하듯이 5-4-3-2-1을 세고 5초 후에 일을 시작하는 것이다. 이 법칙은 5초 안에 행동하지 않으면 뇌가 합리적인 이유를 만들어내서 행동을 멈추게 한다는 원리에서 출발하고 있다.

새로운 습관이 형성되는 데는 최소 21일이 걸린다. '5초의 법칙'은 단순해 보여도 습관으로 자리 잡기 위해서는 꾸준한 실천이 필요하다. '5초의 법칙'을 당장 일상에서 활용해보라. 아침에 눈을 떴을 때 꾸물거리지 말고, 5초를 센 뒤 벌떡 일어나라. 책상에 앉으면 주위를 두리번거리거나 휴대폰을 만지작거리지 말고, 5-4-3-2-1을 센 뒤 공부를 시작하라.

실천력을 높이고, 잡념에서 탈출하는 데는 상당히 효과적이다.

07
타인의 비판에 신경 쓰지 않아도 되는 이유

누구든 자신에 대한 타인의 생각을 알고 싶어 한다. 자신을 좋게 떠올려주기를 바라고, 조금은 훌륭하다 생각해주기를 바라고, 중요한 인간의 부류에 포함되기를 바란다. 그러나 자신에 대한 평판에만 지나치게 신경 써서 남들이 하는 이야기에 귀를 쫑긋 세우는 것은 좋지 않다. 왜냐하면 인간이란 항상 옳은 평가를 받는 것은 아니기 때문이다. 오히려 자신이 원하는 평가를 받는 경우보다, 그것과 완전히 상반된 평가를 받는 것이 일반적이다.

- 프리드리히 니체, 《초역 니체의 말》 중에서

세상에 어느 누가 타인의 비판으로부터 자유로울 수 있겠는가? 나 역시 사회적 동물이다 보니 젊은 날에는 타인의 비판으로부터 자유로울 수 없었다. 타인으로부터 비판을 받게 되면 누가 했고, 얼마나 객관적인 사실인가를 떠나서, 몹시 고통스러웠다. 말 한 마디, 한 마디는 마치 날카로운 칼날처럼 내 마음을 파고들었고, 나는 벌거벗은 채 군중 앞에 선 것처럼 수치스러웠다.

《초역 니체의 말》은 독일 철학자 프리드리히 니체의 명언을 일본 작가 시라토리 하루히코가 현대적으로 재해석하여 편찬한 책이다. 니체의 방대한 저작에서 핵심적인 메시지를 담은 232개의 명언을 엄선하여, 현대인의 삶에 적용할 수 있도록 명쾌한 해설과 함께 제시하고 있다. 니체의 철학에 대한 이해를 돕는 일종의 입문서라 할 수 있다.

인간은 생존과 번영을 위해, 협력과 교류를 통해서 진화해 온 사회적 동물이다. 따라서 타인의 평가와 인정에 대해서 민감하게 반응하는 것은 자연스러운 현상이라 할 수 있다.

타인의 비판은 뇌의 편도체에 의해 사회적 위험 신호로 간주되며, 이는 '디폴트 모드 네트워크'를 활성화해 과거와 현재의 부정적 경험을 되새기게 만든다. 이렇게 반복적으로 부정적인 생각에 빠지는 것을 '반추'라고 하며, 이는 특히 자기 비판적 성향이 강한 사람들에게 두드러지게 나타난다.

타인의 비판은 자아 정체성에 영향을 미치기도 한다. 인간은 소속감을 가지며, 타인에게 인정받으려는 심리적 욕구를 지니고 있다. 자존감이 낮은 사람일수록 타인의 비판을 자신의 가치에 대한 공격으로 받아들여서, 극심한 스트레스에 시달린다.

사람들은 타인의 피드백을 통해 자신의 이미지를 형성하고, 자신의 정체성이나 행동을 재평가하려는 경향이 있는데 심리학에서는 이를 '사회적 거울 효과'라고 부른다. 이는 우리가 사회적 동물로서 타인과의 관계 속에서 자신을 이해하고 발전시켜 나아가는 데 중요한 역할을 한다.

이러한 과정에서 타인의 비판에 몰입하게 되면 자신을 과도하게 비하하거나 부정하는 인지 왜곡이 발생할 수 있다. 특히 자기 비판적 성향이 높은 사람에게서 종종 발생하는 현상이다.

사실 타인의 비판에 대해서 신경 쓰지 않아도 살아가는 데 아무런 상관이 없다. 인간의 뇌는 '나의 생존'에 유리한 쪽으로 발달해왔다.

사람들이 다른 사람의 실수나 결함에 대해 오랫동안 기억하거나 심각하게 생각할 것 같지만 실제로는 자신의 문제 외에는 크게 관심이 없다. 그들은 그들만의 인생을 살아가기에 바쁘므로, 대부분의 비난은 금방 잊히고 만다.

또한 우리가 한 가지 명심해야 할 사실은 타인의 비판은 '객관적 진실'이 아니라 지극히 개인적인 해석과 주관적인 경험에서 비롯되었을 가능성이 크다는 점이다.

장기기억을 담당하는 해마와 감정을 처리하는 편도체는 기억을 저장할 때, 현재의 정서적 상태에 의해서 영향을 받는다. 따라서 비판은 '객관적인 진실'이라기보다는 그 사람의 지극히 주관적이고 편향적인 관점에서 출발했을 가능성이 크다.

최종 판단을 내리는 뇌의 총사령관 격인 전전두엽은 개인의 경험과 학습에 따라서 다르게 작용한다. 따라서 타인의 비판은 나의 것이 아닌 그의 경험, 그의 가치관, 그의 규범에 기반한 판단일 뿐 절대적인 기준이 아니다.

그렇다면 마치 천라지망(天羅地網) 같은 타인의 비판에서 벗어나는 방법은 무엇일까? 여기서는 세 가지 방법을 추천한다.

★

하나, 비판을 해체한 뒤 수용하기
최대한 객관적으로 분석하고, 타당하지 않은 부분은 흘려보내고, 수용할 부분이 있으면 수용해서 성장의 계기로 삼는다.

둘, 한계 인정하기
타인의 비판도 완벽하지 않음을 깨닫고, 나 자신에게도 완벽주의를 강요하지 않는다.

셋, 나 자신과 긍정적인 대화 시도하기
비판을 받으면 자존감이 떨어질 수 있으므로, 긍정적인 대화를 통해서 자존감을 회복한다.

> "타인의 비판은 당신의 현실이 아니라 그들의 현실이다."
> - 스티븐 코비

《성공하는 사람들의 7가지 습관》의 저자인 코비의 명언처럼 비판은 종종 나의 현실을 드러내기보다는 그들의 현실을 드러내곤 한다. 즉, '당신의 현실'은 당신의 경험, 가치관, 신념 등으로 당신의 내면에서 만들어지는 세상이고, '그들의 현실'은 비판하는 사람의 경험, 가치관, 신념 등으로 그들의 내면에서 만들어지는 세상이다.

따라서 타인의 비판이란 당신의 현실을 객관적으로 지적한 것이라기보다는 그들의 현실을 바탕으로 당신의 행동이나 생각을 평가한 것에 불과하다.

나의 가치를 정의하는 주체는 타인이 아닌 바로 나 자신이어야 한다. 타인의 비판이 참고 자료는 될 수 있을지언정 나 자신의 가치를 규정짓는 요소는 될 수 없다. 나의 성공과 행복은 타인의 평가가 아니라, 나의 가치관과 나 스스로 내린 선택과 행동에 따라 결정된다.

이 세상에서 나에 대한 진정한 가치를 알 수 있는 사람이 나 자신 외에 그 누가 있겠는가.

08
불확실하니까
인생이다

> 그들은 불확실한 것을 두려워하지 않는다. 불확실성은 그저 삶의 일부일 뿐이다. 그들은 불확실성을 찾아다니지 않는다. 그런 것은 존재하지 않는다는 사실을 알기 때문이다. 이들은 또한 삶이 지닌 진짜 마법과 기적이 무엇인지, 삶에서 뭘 이룰 수 있는지 알며 거기에 마음을 연다.
>
> - 개리 비숍, 《시작의 기술》 중에서

누구나 한 번쯤은 불확실한 미래로 인해서 방황했던 경험이 있으리라.

나 역시 젊은 날, 한 치 앞도 보이지 않는 앞날로 인해, 가슴을 조이곤 했다. 대학에 다닐 때는 학비를 마련하기 위해 여름방학에는 공사판에서 노동일을 했고, 겨울방학에는 포장마차를 했다.

몸도 마음도 지친 날은 저 멀리서 아른거리던 희망의 불빛조차 보이지 않았다. 마치 끝이 없는 터널 속에 갇힌 것처럼 절망스러웠다. '이렇게 고생해서 대학을 졸업한들 빚만 늘어날 뿐, 가난에서 벗어날 수는 없을 거야' 하는 짙은 회의감이 들었고, 자퇴하고 싶은 강렬한 유혹에 시달렸다.

개리 비숍은 철학 지식을 바탕으로 한 자기계발 코치이다. 《시작의 기술》은 불확실성을 삶의 일부로 바라보며, 그에 대처하는 실용적 통찰을 제시하고 있다. 저자는 우리가 스스로 만들어낸 부정적인 생각의 틀에서 벗어나, 지금 당장 행동할 것을 강력하게 촉구한다.

불확실성은 미래에 대한 정보가 부족해서 예측이 불가능하거나, 결과가 명확하지 않은 상태를 의미한다. 인간은 본능적으로 '통제 욕구'를 갖고 있는데 불확실성과 충돌할 때 심리적으로 불안한 상황에 놓이게 된다. 상황을 통제해서, 위험을 회피하고자 하지만 불확실성이 예측 가능성을 저해하기 때문에 스트레스를 받게 되고, 두려움에 휩싸이게 된다.

인생은 끊임없는 변화와 예상치 못한 사건들의 연속이므로 완벽한 예측과 통제는 인간의 한계 밖이라 할 수 있다. 칼 구스타프 융은 삶의 모순과 불확실성을 받아들임을 성숙의 과정으로 보았다. 삶의 불확실성을 억제하거나 회피하는 대신, 이를 긍정적으로 수용함으로써 내적 평화를 얻을 수 있다는 것이다.

불확실성은 인간을 불편하게 하지만 인류는 굴복하지 않고 이를 극복하기 위한 노력을 기울여왔다. 그 과정에서 창조적 사고력을 발달시킬 수 있었으며, 사회·문화적으로도 꾸준히 성장할 수 있었다.

쾌락 호르몬인 도파민은 학습과 동기의 핵심 신경전달물질인데 불확실성이 높은 상황에서 새로운 정보를 받아들이고, 새로운 경험을 탐구하려는 동기를 제공한다.

심리학에서는 불확실성을 극복하려는 지나친 시도가 불안장애, 강박장애로 발전할 수 있다고 경고한다. 연구에 따르면, 불확실성을 완전히 제거하려는 시도는 종종 비이성적 행동이나 에너지 낭비로 이어지며, 이는 정작 중요한 문제의 해결을 방해한다는 것이다.

인류는 불확실성을 극복하기 위한 노력을 기울이면서도, 불확실성을 인간이 지닌 운명으로 받아들였다.

불교에서는 세상의 모든 것은 끊임없이 변화하는 '무상(無常)'의 속성을 지니게 마련인데, 이러한 변화는 불확실성을 야기하고, 인간은 이러한 환경 속에서 불안과 고통을 느낀다고 가르친다.

인간은 생로병사로 인해 필연적인 고통을 겪게 마련인데, 무지와 집착을 버리고 자신이 부처임을 스스로 깨닫지 못한다면,

'인생은 고해'일 수밖에 없다는 것이다.

반면 기독교에서는 인간을 유한한 존재인 데다 인간의 능력으로는 미래를 예측하거나 통제할 수 없으므로, 창조주인 하나님의 뜻 안에서 살아가며, 하나님의 섭리에 의지해야 한다고 가르친다. 인간은 선악과를 따 먹음으로써 원죄를 지었고, 그 죄로 인해 하나님과의 관계가 단절됨으로써, 불확실한 세상에서 고통을 받으며 살아갈 수밖에 없다고 한다.

따라서 '나는 죄인'이라는 사실을 받아들이고, 기도를 통해 예수 그리스도를 만나 하나님과의 관계를 회복하고, 하나님의 은혜를 받아 비로소 구원을 얻을 수 있다는 것이다.

인간은 불확실한 세상을 살아가는 불완전한 존재이다. 최선을 다하지만 '결과는 통제할 수 없다'는 사실을 인정하고 받아들여야 한다. 또한 '통제 가능한 것'과 '통제 불가능한 것'으로 분류한 뒤, 자신의 노력으로 변화시킬 수 있는 통제 가능한 것에 초점을 맞출 필요가 있다. 심리학에서는 이를 '문제 중심적 대처'라고 부른다.

불확실성으로부터 오는 스트레스는 명상이나 요가 등을 통해 해소하고, 최악의 시나리오를 작성해보거나, 장기적 관점에서 불확실성을 해소하는 방법 등을 찾아보면 불안의 크기를 줄이고 마음의 평화를 찾을 수 있다.

"삶은 예측할 수 없는 것이고, 우리는 그 속에서 자신의 길을 찾아나가야 한다."

- 루이제 린저

《생의 한가운데》의 저자인 루이제 린저의 명언처럼 우리는 삶의 불확실성을 받아들이고, 그 속에서 나만의 길을 찾아야 한다.

불확실성은 수많은 잡념을 불러와서 소중한 시간들을 앗아간다. 피할 수 없음을 인정하고 수용하는 태도를 지닌다면, 불확실성은 내적 성장과 자아 발견의 기회로 활용할 수 있어서, 개인의 성장과 학습을 자극하는 촉매제가 될 수 있다.

인간은 신이 아니다. 모든 것을 통제하고 싶지만 그건 애초부터 불가능한 일이다. 불확실하니까 인생이고, 불완전하니까 인간이 아니겠는가.

09
확증이 없으면 의심하지 마라

> 이제 내가 구원받는 길은 그녀를 미워하는 것뿐이다. 오, 결혼의 저주여, 우린 이 섬세한 여인네들을 우리 것이라 할 수는 있어도, 그들의 성욕은 우리 것이 아니구나! 사랑하는 것을 한 켠에 두고 타인들이 사용하게 할 바에야 차라리 두꺼비가 되어 동굴의 수증기를 먹고 살아가련다.
> - 윌리엄 셰익스피어, 《오셀로》 중에서

사랑하는 사람을 의심해본 적이 있는가? 부모나 형제, 혹은 친구나 연인을 의심하며 활활 타오르는 지옥의 유황불에 몸을 살라본 적이 있는가?

나는 젊은 날 지갑을 잃어버리고 친구를 의심했던 적이 있다. 월급날이었는데 웃옷을 벗어놓고, 오랜만에 만난 친구와 함께 술을 마셨다. 계산하려고 보니 지갑이 없었고, 내가 잠깐 화장실에 간 사이에 친구가 내 지갑을 몰래 빼갔다고 의심했다.

친구는 아니라고 펄쩍 뛰었지만 나는 복잡한 생각에 사로잡힌 채 충혈된 눈으로 주말을 보냈다. 그때 내가 보낸 것은 주말이 아니라 지옥에서의 한철이었다. 지갑을 되찾은 것은 월요일 아침이었다. 직장 동료가 옷걸이 밑에 떨어져 있는 것을 발견했다며 돌려주었다.

사랑하는 사람은 우리에게 기쁨을 주지만 때로는 우리 마음속에 깊은 상처를 내기도 한다.

셰익스피어의 4대 비극 중 하나인 《오셀로》는 의심이 인간을 어떻게 파멸에 이르게 하는지를 상세히 보여준다. 베네치아의 유능한 장군인 오셀로는 귀족 출신의 순결한 데스데모나와 사랑에 빠져 결혼한다. 그러나 부하인 이아고가 데스데모나가 부관과 불륜에 빠졌다는 거짓말을 퍼뜨리자, 아내를 의심하기 시작한 오셀로는 질투심에 휩싸인다. 의심은 수렁처럼 점점 깊어지고, 걷잡을 수 없는 질투심에 사로잡힌 오셀로는 결국 아내를 살해하고 만다.

의심은 불확실한 상황에서 시작된다. 편도체는 뇌의 '경고 시스템'으로, 위험 신호를 빠르게 감지한다. 하지만 편도체가 과도하게 활성화되면 불안, 공포, 긴장과 같은 감정에 휩싸여서 합리적인 판단보다는 감정적인 반응이 앞서 잘못된 결론을 내리게 된다.

의심이 시작되면 불안을 해소하기 위해서 전전두엽에서는 끊임없이 가능한 시나리오를 탐색한다. 이때 '디폴트 모드 네트워크'가 과도하게 활성화되면서 과거의 기억이나 미래에 대한 걱정을 떠올리게 되는데, 이는 잡념의 원인이 된다. 잡념은 꼬리에 꼬리를 물고 새로운 의심을 부르면서 불안이 증폭되고, 정신적인 피로와 함께 스트레스를 유발한다.

의심이 장기화될 경우에는 정신적으로는 불안장애, 우울증, 강박증, 집중력 저하로 이어질 수 있고, 대인관계에 문제를 초래할 수 있다. 육체적으로는 만성 스트레스로 인한 면역력 저하, 소화장애, 심혈관 질환, 수면장애 등을 불러올 수 있다.

만성화된 의심은 뇌 구조와 기능에도 영향을 미친다. 편도체의 과활성화로 감정조절능력이 저하되고, 코르티솔의 과다한 분비가 전전두엽의 기능 저하를 불러와 판단력, 의사결정 능력, 문제해결 능력 등을 떨어뜨린다. 또한, 해마를 손상시켜 기억력 감퇴, 학습 능력 저하 등을 유발할 수 있다.

의심은 인류의 DNA에 새겨진 생존 전략 중 하나이므로 아예 안 하고 살 수는 없다. 피할 수는 없지만 현명하게 대처하는 네 가지 방법이 있다.

하나, 확증을 찾기 전까지 의심 보류하기

의심은 종종 사실보다 추측에 기반한다. 확증이 없는 의심은 잡념을 부르기 때문에, '객관적인 증거가 있는가?' 스스로 자문해본 뒤 명확한 증거가 있을 때까지 의심을 보류한다.

둘, 긍정 마인드로 자존감 높이기

의심은 종종 부정적이고 왜곡된 사고에서 비롯되므로, 인지 재구성을 통해 현실적이고 균형 잡힌 관점으로 바꾼다. 예를 들어서, '모두가 나를 싫어할 거야' 하는 생각이 든다면 '누군가는 나를 싫어할 수 있지만 누군가는 나를 좋아할 거야'라는 식으로 생각 자체를 달리한다.

셋, 의심을 해소하기 위해 행동하기

한 번 싹튼 의심은 시간이 지날수록 몸집을 불리는 경향이 있다. 해소 가능한 의심이라면 관련 자료를 찾아 확인하거나 전문가에게 조언을 구하는 등 구체적인 행동을 취한다.

넷, 기록을 통해서 객관화하기

의심이 들 때 간단하게 감정과 생각을 종이에 적어본다. 예를 들어서 '나는 현재 A를 의심하고 있다. 하지만 직접적인 증거는 없다' 하는 식으로 기록하면, 감정을 시각적으로 구체화시킬 수 있어서 합리적인 사고에 도움 된다.

> "의심은 마음의 평화를 앗아간다."
> – 마하트마 간디

　의심하는 마음은 미리 맛보는 지옥이다. 의심이 시작되면 마음속에서 치열한 전쟁이 일어나면서 모든 평화가 산산조각난다. 비폭력 저항 운동을 통해 인도의 독립을 이끈 마하트마 간디는 의심을 경계할 것을 경고한다.

　'의심도 병이다'라는 말이 있다. 일상적인 수준의 의심은 주의를 기울여서 위험을 방지하는 데 도움이 되지만, 과도한 의심은 불안과 스트레스를 유발한다. 정신 건강에도 해롭고, 육체적인 건강마저도 해칠 수 있다.

　특히 생존과 무관한 대인관계에서 오는 의심이라면 확증이 생길 때까지 의심을 보류할 필요가 있다. 누가 강제로 등을 떠민 것도 아닌데, 나 스스로 지옥문을 열고 들어갈 필요는 없지 않겠는가.

10

나는 왜 선뜻 결정을
못 하는 걸까?

> 그는 매우 복잡하게 뒤얽힌 관계나 문제에도 그 밑바닥에는 식별 가능한 패턴이 있음을 보여주었다. 골드먼의 연구는 이런 종류의 패턴을 추출할 때 더 적은 것이 더 낫다는 것을 입증해 보였다. 의사결정자들에게 정보를 너무 많이 주면 신호를 가려내기가 더 쉬워지는 게 아니고 더 어려워진다는 것을 보여준 것이다. 좋은 결과를 내는 의사결정자가 되려면 편집 작업을 해야 한다.
> - 말콤 글래드웰, 《블링크》 중에서

결정을 미루다가 좋은 기회를 놓치고 나서 뒤늦게 후회해본적 있는가?

나는 30대 후반에 괜찮은 사업 제의를 받았던 적이 있다. 처음 제안을 받았을 때, 심장은 마치 롤러코스터를 타는 것처럼 빠르게 뛰었다. 하지만 기쁨도 잠시, 이내 두려움과 불안감이 엄습했다.

'실패하면 어떡하지?'

'내가 과연 잘해낼 수 있을까?'

수많은 잡념이 머릿속을 가득 채웠다. 며칠이 지나자 나는 마치 잡념의 쓰레기 더미에 파묻힌 기분이었다. 어떤 결정도 내릴 수 없었고, 주저주저하는 사이 친구가 가로채 갔다.

캐나다 출신의 저널리스트이자 작가인 말콤 글래드웰의 《블링크》는 인간의 순간적인 판단, 즉 '직관'에 대한 책이다. 우리가 무의식적으로 내리는 결정이 얼마나 강력하고 정확할 수 있는지를 다양한 사례를 통해 설명하며, '덜 생각하고 더 나은 결정을 내리는 법'에 대해 탐색하고 있다.

일상생활에서 우유부단한 성격으로 인해 선택에 어려움을 겪는 사람들을 비유해서 '햄릿증후군'이라고 한다. 과도한 고민, 완벽증, 정보 과잉, 심리적 불안 등이 그 원인이다. 햄릿증후군을 겪는 사람이 선택장애를 겪을 확률이 높지만 햄릿증후군은 우유부단한 성격을 비유하는 용어이고, 선택장애는 의학적인 진단명이다.

우리가 쉽게 결정을 내리지 못하는 이유는 다양하다.

선택지가 많을수록 선택에 어려움을 겪는 '선택의 역설' 때문이기도 하고, 잘못된 결정을 내릴지도 모른다는 불안 때문이기도 하고, 완벽한 결정을 내려야 한다는 강박 관념 때문이기도 하고, 자신의 판단을 믿지 못하고 타인의 의견에 의존하려는 낮은 자존감 때문이기도 하고, 과거의 부정적인 경험으로 인한 트라우마 때문이기도 하다.

제때 결정을 내리지 못하게 되면 무슨 일들이 생길까?

좋은 기회를 놓치게 되고, 자신에게 실망하여 자존감이 낮아지고, 결정을 미룸으로써 스트레스가 증가하며, 타인에게 피해를 줘서 대인관계가 악화된다.

그렇다면 빠르고 현명하게 결정하는 방법은 없을까? 여기에 심리학과 뇌과학으로 증명된 효과적인 다섯 가지 방법을 소개한다.

★

하나, 75% 규칙 적용하기

100% 확신이 들기까지 기다리지 않고, 75% 확신이 드는 시점에서 결정을 내린다.

둘, 행동 결정 모델을 설정해서 시험하기

선뜻 시도하기에 규모가 커서 엄두가 나지 않는다면, 작은 행동이나 소규모로 가능한 옵션을 설정해서 시도한다.

셋, 선택지 축소하기

선택지가 많을수록 비교 분석에 많은 시간이 필요하므로, 선택지를 2~3개로 압축한 뒤, 현실 가능성과 가치를 비교 평가한다. 말콤 글래드웰이 《블링크》에서 말하는 일종의 편집 작업이다.

넷, 직관 활용하기

변연계는 이성적인 판단과는 별개로 본능적이고 감정적인 신호를 제공한다. 직관은 단순히 감정적인 판단이 아니라 오랜 경험을 통해 쌓은 무의식적인 학습의 산물이다. 직관을 활용해서 '감정적 끌림'을 선택한다.

다섯, 나 자신에게 신뢰감 심어주기

어떤 결과가 나오더라도 이 결정이 최선이며, 이를 증명하기 위해서 반드시 좋은 결과를 내겠다고 다짐한다. 나 자신에 대한 신뢰감이 쌓이면 빠른 결정을 내릴 수 있다.

> "결정을 내리는 것은 어렵다. 왜냐하면 모든 결정은 우리가 포기해야 할 다른 가능성들을 의미하기 때문이다."
>
> – 에리히 프롬

우리가 선뜻 결정을 내리지 못하는 이유 중의 하나는 독일 출신의 심리학자이자 정신분석학자인 에리히 프롬의 명언처럼 '더 좋은 선택지가 어딘가 있지 않을까?' 하는 마음 때문이다. 하지만 우리는 정작 결정을 미룸으로써 다양한 잡념에 시달리다가 기회는 물론이고, 아까운 시간마저 날려버리고 만다.

인생은 선택의 연속이다. 완벽한 선택은 결정하는 순간이 아니라, 내가 내린 결정을 믿고, 최선을 다했을 때 비로소 이루어진다. 결국 중요한 것은 '어떻게 하면 완벽한 선택을 할 수 있을까?'가 아니라, 나의 선택이 최선임을 믿고 추진해 나아갈 수 있는 용기이다.

11

나는 왜 비슷한 생각만 하며 사는 걸까?

시지프가 나의 관심을 끄는 것은 그가 아래로 되돌아가는 그 시간, 그 짧은 휴식 시간 동안이다. 그토록 바위에 바짝 붙어 고통스러워하는 얼굴은 이미 바위 그 자체이다! 무겁지만 일정한 발걸음으로 언제 끝날지도 모르는 고통을 향해 다시 걸어 내려가는 그 남자가 보인다. 호흡과도 같고, 그의 불행만큼이나 분명하게 되풀이되는 이 시간은 바로 의식의 시간이다. 그가 산 정상을 떠나 신들의 누추한 소굴을 향해 조금씩 빠져 들어가는 이 순간순간, 그는 그의 운명보다 우위에 있다. 그는 그의 바위보다 더 강하다.

- 알베르 까뮈, 《시지프 신화》 중에서

당신은 매일 어떤 생각을 하며 살고 있는가? 다람쥐 쳇바퀴 돌듯이 비슷비슷한 생각의 틀 속에 갇혀 맴돌고 있지는 않는가?

고등학교를 졸업하고 전국의 공사판을 떠돌던 시절, 나는 어디에서도 삶의 출구를 발견할 수 없었다. 희망이 보이지 않으니 일이 끝나면 엉망진창이 되도록 술을 마셨고, 아침에 눈을 뜨면 숙취에 시달리며 일터로 나갔다.

반복되는 지루한 일상에서 나를 건져준 것은 화사한 봄날의 목련이었고, 그 밑을 웃고 떠들며 지나가는 청년들이었다. 문득, 이렇게 청춘을 끝낼 수는 없다는 생각이 들었고, 나도 대학에 가서 써보고 싶었던 글을 써야겠다는 생각이 들었다.

20세기 프랑스 문학을 대표하는 알베르 까뮈의 《시지프 신화》는 그리스 신화에 나오는 시지프의 이야기를 통해, 인간 존재의 부조리함을 탐구하는 철학에세이다. 까뮈는 시지프의 행위를 통해 삶의 반복적이고 무의미한 면을 조명하며 삶 자체는 부조리하지만, 그 부조리를 인정하고 저항하는 과정에서 인간은 자유와 행복을 창조할 수 있다는 메시지를 전하고 있다.

인간은 비슷한 생각을 하며, 그 생각이 낳은 생각을 하며 살아간다. 생각의 루프에 쉽게 갇히는 이유는 뇌에서 정보를 처리할 때 특정 방식을 되풀이하기 때문이다.

뇌는 에너지를 절약하기 위해서 익숙한 패턴을 선호한다. 반복적인 생각은 습관이 되는데, 심리학에서는 이를 '자동적 사고'라고 부르며, 특정 상황에서 무의식적으로 반복되는 생각 패턴을 의미한다. 이러한 자동적 사고는 기존의 믿음이나 생각을 강화하는 '확증 편향'으로 이어진다. 예를 들면 부정적인 생각을 하는 사람은 부정적인 사건에 집중해서 부정적 정보를 끌어모음으로써, 자신의 부정적 사고를 강화한다.

또한 휴식 상태에서는 '디폴트 모드 네트워크'가 활성화되면서 부정적인 감정이나 경험에 대해서 반복적으로 반추한다. 뇌는 신경가소성을 지니고 있어, 자주 사용하는 신경 회로가 강화된다. 따라서 비슷한 생각을 반복하면 생각 자체를 바꾸기가 어려워진다.

감정의 영역인 편도체는 특히 두려움과 불안에 민감하게 반응하는데, 익숙하지 않은 생각이나 상황은 편도체를 자극해 스트레스 반응을 유발한다. 따라서 새로운 생각이 떠오르면 불안을 느껴서, 익숙한 생각으로 돌아가게 만든다.

결국 모든 의사결정을 담당하는 전전두엽에서 이러한 문제들을 해결하기 위해 과감히 결단해야 하는데, 스트레스나 피로가 쌓여 있을 경우 전전두엽의 기능이 저하되어 문제해결을 유보함으로써, 기존의 생각을 반복하게 된다.

비슷한 생각의 틀을 깨기 위해서는 여덟 가지 전략이 필요하다.

★

하나, 부정적 사고 패턴 인식하기

자신의 생각을 기록하고 객관적으로 분석함으로써 자신이 어떤 생각의 루프에 빠져 있는지를 확인한다.

둘, 부정적인 사고 재구성하기

예를 들어서, '나 따위가 매번 하는 일이 그렇지'라는 생각은 '잘 못할 때도 있지만 잘할 때도 있어'라는 생각으로 바꾼다.

셋, 긍정적인 자기 대화 전환하기

부정적인 생각이 떠오를 때마다 이를 중단하고, 긍정적인 문장으로 대체한다. 예를 들어 '나는 절대 못 해낼 거야'라는 생각이 떠오르면 "나는 할 수 있어! 나를 성장시킬 수 있는 절호의 기회야!"라고 소리내서 말한다.

넷, 명상하기

명상하며 과거나 미래에 대한 부정적인 생각이나 감정을 자연스럽게 흘려보내고, 현재의 순간에 집중한다.

다섯, 새로운 취미 생활이나 활동하기

예를 들어 악기 배우기나 새로운 언어를 공부하기 등은 뇌에 자극을 줘서 새로운 신경 회로를 형성하는 데 도움 된다.

여섯, 다양한 관점 수용하기

책을 읽거나, 다른 사람의 의견을 듣거나, 새로운 정보를 탐색함으로써 사고의 폭을 넓힌다.

일곱, 유산소 운동하기

걷기, 달리기, 자전거타기, 수영하기 등의 규칙적인 운동은 뇌의 혈류를 증가시키고, 새로운 뉴런의 생성을 촉진한다.

여덟, 충분한 수면 취하기

질 높은 수면은 몸 안의 독소를 제거하고, 부정적인 생각을 덜어내고, 뇌의 기능을 회복하는 데 도움 된다. 뇌가 맑아져야 전전두엽이 올바른 판단을 내릴 수 있다.

비슷한 사고의 루프에서 벗어난다면 정서적인 안정감으로 인해 행복한 삶을 찾을 수 있고, 창의성과 문제해결 능력이 향상되어 한층 성장할 수 있고, 자신의 잠재력을 한껏 발휘할 수 있으며, 삶의 의미를 발견할 수 있다.

> '새는 알에서 나오려고 투쟁한다. 알은 세계이다. 태어나려는 자는 하나의 세계를 깨뜨려야 한다. 새는 신에게로 날아간다. 신의 이름은 압락사스.'
> – 헤르만 헤세, 《데미안》

《데미안》에 나오는 이 유명한 문장은 개인이 성장해서, 새로운 자아를 얻기 위해서는 기존의 가치관과 틀에서 벗어나야 함을 상징적으로 보여주고 있다. 마치 작은 알에서 태어난 누에가

찬란한 날개를 지닌 나비가 되기까지의 과정처럼, 고통스럽고 힘들지만 반드시 거쳐야만 하는 통과의례라 할 수 있다.

포충망에 사로잡힌 곤충처럼 반복적이고 무의미한 일상이나 부정적인 생각에 갇혀 있지는 않은가? 잡념은 또 다른 잡념을 부를 뿐이다.

나이를 먹는다고 해서 어른이 되는 것은 아니다. 진정한 어른이 되기 위해서는 자신을 얽어매고 있는 낡은 관습과 부정의 틀을 과감히 깨부술 용기가 필요하다. 하나의 세계를 깨고 나와야 더 큰 세계를 만나지 않겠는가.

12

머릿속 혼란을 잠재우는 5가지 잡념 정리법

우리 대부분이 습관적으로 생각을 많이 함으로써 문제를 해결했다는 착각에 빠진다. 건강을 걱정하던 제임스가 다양한 원인과 해결책을 끊임없이 파고들면서 문제의 근본 원인을 규명하고 있다고 착각한 것처럼 말이다. 하지만 사실 생각 과잉은 아무런 결론에 이르지 못하는 경우가 대부분이다. 생각을 너무 많이 하는 사람들은 여러 가능성을 분석하고 재고하는 틀에 갇힐 뿐이다. 가려운 곳을 아무리 긁어도 그 순간만 시원할 뿐 가려움이 사라지지 않는 것과 같다.

- 닉 트렌턴, 《생각 중독》 중에서

삶에 아무런 보탬이 안 되는 잡념의 호수에 빠져서 허우적거려 본 경험이 있는가?

나는 한때 건강염려증에 빠진 적이 있다. 낮은 언덕배기만 올라가도 숨이 턱밑까지 차올랐고, 환절기가 되면 감기 같은 잔병치레에 시달렸다. 자고 일어나면 허리도 뻐근해서 척추 디스크가 아닐까 싶어서 온종일 인터넷으로 검색해보기도 했다.

마치 하루하루가 시한폭탄을 안고 사는 것처럼 불안했다. 작은 통증에도 온갖 질병을 떠올리며 밤잠을 설치기 일쑤였고, 인터넷 검색을 통해 얻은 정보들은 나를 안심시키기는커녕 오히려 불안감을 증폭시켰다

그러던 어느 날 문득, '운동 부족'이라는 한 가지 결론에 도달했다. 그날 저녁부터 달리기를 시작했다. 그로부터 6개월쯤 지나자 머릿속의 잡념과 함께 건강염려증은 저절로 해소됐다.

자기계발 강사이자 작가인 닉 트렌턴은 생각 중독을 '반복적이고 통제되지 않는 사고 패턴에 갇혀 있는 상태'라고 정의한다. 이는 잡념에 사로잡혀 끊임없이 같은 생각을 반복하는 현대인의 모습을 잘 보여준다.

잡념은 삶을 복잡하게 만들고 정신적·육체적 건강을 해치는 주요 원인 중 하나이다.

뇌는 기본적으로 정보를 처리하고 문제를 해결하기 위해 많은 에너지를 사용하는데, 잡념은 뇌의 에너지를 과도하게 사용

하여, 올바른 판단 능력을 저해하고 정신적인 피로를 유발한다.

잡념은 과거에 대한 후회, 미래에 대한 불안, 자신의 능력에 대한 회의 등으로 각종 불안과 스트레스를 유발한다. 코르티솔의 과도한 분비는 만성적인 스트레스로 이어질 수 있으며, 집중력을 흐트러뜨려서 창의력을 저해하고 생산성을 떨어뜨린다.

수시로 떠오르는 잡념을 정리하는 것만으로도 정서적인 안정감을 찾을 수 있어, 삶의 전반적인 질을 향상시킬 수 있다. 창의력과 문제해결 능력이 높아져 업무나 학업에서 생산성이 크게 향상된다. 또한 타인과의 관계에서도 더 나은 소통을 할 수 있어서 건강한 인간관계를 형성하는 데 도움 된다.

심리학과 뇌과학을 통해 입증된, 잡념을 정리하는 다섯 가지 효과적인 방법이 있다.

★

하나, 명확한 목표 설정하기

하루 또는 주간 목표, 월간 목표를 설정하고, 이를 달성하기 위한 구체적인 계획을 세운다. 뇌는 목표를 세워놓으면 불필요한 생각에서 벗어나 중요한 것에 집중하는 경향이 있다.

둘, 잡념 일기 쓰기

매일 떠오르는 잡념을 글로 적는다. 글로 표현하면 머릿속의 복잡한 사고를 외부로 분리시킬 수 있다. 잡념의 패턴을 파악할 수 있어서, 차근차근 검토하면서 불필요한 걱정을 해소하는 데도 도움 된다.

셋, 5-4-3-2-1 기법 활용하기

현재 순간에 집중하기 위해 다섯 가지 눈에 보이는 것을 찾고, 네 가지를 느끼고, 세 가지를 듣고, 두 가지 냄새를 맡고, 한 가지 맛을 찾는다. 감각을 통해 뇌의 집중력을 높이면 불안을 줄일 수 있다.

넷, 감정 라벨링하기

현재 느끼는 감정을 간단한 문장으로 표현한다. 예를 들어, "나는 지금 중요한 발표를 앞두고 있는데 준비가 부족해서 불안하다"라고 표현한다. 이렇게 감정을 라벨링하면 합리적인 판단을 하는데 도움이 됨과 동시에, 뇌의 감정 조절 부위를 활성화시켜 불안을 줄일 수 있다.

다섯, 디지털 디톡스하기

디지털 기기 사용을 줄이게 되면, 정보 과잉에서 벗어나 뇌의 과부하를 줄일 수 있다. 잡념 또한 현저히 줄어든다.

그 밖에도 운동, 명상, 감사 일기, 긍정적인 자기대화, 불필요한 물건 정리하기 등은 잡념을 정리하는 데 도움 된다.

"우리는 자신의 마음을 정리할 수 있어야 하고, 때때로 그것은 가장 큰 도전이기도 하다. 잡념이 많으면 우리의 삶은 어지럽혀진다."

- 버지니아 울프

평생을 조울증에 시달렸던 20세기 영국의 대표 작가 버지니아 울프의 말처럼 잡념을 정리하는 일은 쉽지 않다. 그럼에도 우리는 그것들을 정리해야만 심플한 삶을 살아갈 수 있다.

인생은 복잡할 때보다 지극히 단순해지면 그 진면목이 드러난다. 심플한 삶 속에 인생의 위대함, 혹은 인생의 아름다움이 깃들어 있다.

13

덜 생각해도 되는 용기

> "삶의 역학의 방향을 바꾼다는 것은 옛날로 돌아가자는 것도 아니고, 루소의 주장처럼 자연으로 돌아가자는 것도 아니다. 단순하게 산다는 것은 당신 앞에 그리고 당신 안에 있는 것들을 단순화시키는 것을 말한다."
>
> - 베르너 티키 퀴스텐마허·로타르 J. 자이베르트 닉 트렌틴, 《단순하게 살아라》 중에서

완벽을 추구하다가 정작 시작도 못 해본 경험이 있는가?

나는 완벽한 글을 써보고 싶은 욕망에 사로잡혀서, 1년 가까이 한 줄도 쓰지 못했던 경험이 있다. 복잡한 생각과 과도한 고민이 나를 옭아맸기 때문이다. 그러다가 마음에 안 들면 폐기

처분할 작정으로, 가벼운 마음으로 글을 쓰기 시작했다. 그런데 시작할 때는 전혀 예상치 못했던 만족감과 성과를 얻을 수 있었다.

독일의 유명한 강연자이자 베스트셀러 작가인 두 사람이 20년 전에 뜻을 모아 쓴 《단순하게 살아라》는 40여 국가에 번역 출간되는 등 세계적인 베스트셀러가 되었다. 이 책은 당신이 소중하게 생각하는 것들은 대부분이 쓰레기라며, 매사를 너무 복잡하게 생각하기 때문에 그 안에 담긴 삶의 의미를 제대로 찾지 못하고 있다고 지적한다.

현대인들은 정보 과잉 시대에 살고 있다. 캐나다 퀸즈대학교의 조던 포펜크 교수 연구팀의 연구에 의하면 현대인은 하루 평균 약 6,200번의 생각을 한다고 한다. 안타깝게도 그중 상당수는 부정적인 잡념이나 비생산적인 염려로 채워진다.

뇌는 신체 에너지의 20%를 사용한다. 과도한 생각은 뇌의 에너지를 빠르게 소진시켜 '결정 피로'나 스트레스를 초래하고, 정기적으로는 불안장애나 만성 피로를 불러온다.

과도한 생각은 창의적인 사고를 저해하며, 문제해결 능력도 떨어뜨린다. '내 머릿속의 최소주의'는 정신적 공간과 에너지를 확보함으로써, 현재에 집중하고 창의성을 극대화해서 더 나은 삶을 위한 첫걸음이다.

심리학자 로이 바우마이스터에 따르면, 사람의 의사결정 능력은 에너지와 같아서, 매번 선택할 때마다 조금씩 줄어들게 된다. 너무 많은 선택은 의사결정의 질을 떨어뜨려서 '결정 피로' 상태에 놓이게 된다는 것이다.

덜 생각하기는 선택의 범위를 좁혀, 정말 중요한 결정을 내릴 수 있는 에너지를 남겨놓음으로써, 삶의 효율성을 높인다. 창의적인 통찰력과 독창적인 아이디어는 적절한 휴식이 없으면 불가능하다.

현재에 집중하는 삶을 살 때 인간은 순간의 즐거움과 성취감을 느낄 수 있다. 뇌는 수시로 부정적인 감정과 생각을 불러오는 반추 상태에 놓이게 되는데, 마음챙김 명상을 통해서 현재에 머무는 능력을 향상시키면 불필요한 잡념을 줄일 수 있다.

인간의 생각 중 잡념이 상당수이므로 불필요한 생각을 덜어내면 내적 평온을 느낄 수 있고, 감정 조절 능력이 강화된다. 이는 대인관계에서도 긍정적으로 작용해서 상대방에 집중할 여유를 제공한다. 궁극적으로는 더 나은 소통과 공감을 가능하게 해서, 좀 더 풍요로운 삶을 살 수 있다.

그렇다면 '머릿속 최소주의'를 위한 방법으로는 어떤 것들이 있을까? 여기서는 누구나 쉽게 활용 가능한 다섯 가지 기술적인 방법을 소개한다.

★

하나, '문간 생각법(Doorway Effect)' 활용하기

연구에 따르면, 공간을 이동할 때마다 뇌는 새로운 환경 정보를 처리하기 위해, 이전 환경 정보를 부분적으로 삭제하는 경향이 있다. 이를 의식적으로 활용해서, 공간을 이동할 때마다 불필요한 과거와 결별한다. 즉, 이전의 고민을 정리하고 새로운 환경에 집중하는 식이다. 이처럼 공간의 전환은 자연스럽게 잡념을 삭제하는 기회를 제공한다.

둘, 'TO-DO 리스트' 축소하기

하루에 해야 할 일이 지나치게 많을 경우 생각 과부하의 주요 원인이 된다. 3~5개 정도의 핵심적인 목표만을 설정하면 효율성과 집중력을 높일 수 있다.

셋, 결정 단순화하기

사소한 결정은 자동화를 통해 에너지를 아낄 수 있다. 예를 들어, 매주 요일별로 점심 메뉴를 미리 정해둔다면 '선택 피로'를 줄이는 데 큰 도움이 된다. 또한 결정하는 데 걸리는 시간 제약을 '1분' 안으로 설정해놓으면 과도한 사고에 빠지는 것을 방지할 수 있다.

넷, 디지털 미니멀리즘 실천하기

디지털 과부하가 과도한 정보를 불러온다. 스마트폰이나 이메일 알림을 끄고, 하루 중 디지털 기기를 멀리하는 시간을 정해놓는다. 주말 동안에는 SNS나 메신저를 잠시 멈춰두는 '디지털 디톡스'를 실천한다.

다섯, 시각화 기술 활용하기

잡념을 시각화해 종이에 적어서 서랍 같은 곳에다 보관하면, 생각의 무게를 덜어낼 수 있다. 심리적으로도 복잡한 상태에서 벗어나게 된다.

"최소한의 것으로 살아가며, 심플하게 생각하라. 단순함이야말로 삶이 줄 수 있는 최고의 풍요이다."

- 헨리 데이비드 소로

덜 생각해도 되는 용기는 생각 없이 살라는 뜻이 아니다. 삶 속에서 불필요한 요소들을 과감히 걷어내고, 진정 중요한 것에 집중할 수 있는 선택의 용기를 의미한다. 미국의 철학자이자 수필가로서 《월든》의 저자인 헨리 데이비드 소로는 단순하게 살 것을 권하고 있다.

삶의 본질은 단순하다. 복잡한 미로는 우리 스스로가 뇌 안에서 만들어낸 환상일 뿐이다. 최소주의 사고와 태도로 삶을 재구성할 때 우리는 더 나은 세계로 향할 수 있다.

덜 생각해도 되는 용기, 내 머릿속의 최소주의는 삶의 본질을 스스로 깨닫게 해서, 더 나은 삶의 세계로 안내하는 시작의 기술이다.

"지혜는 잡념 없는 마음에서 태어난다.
마음이 복잡해지면 진정한 지혜는 나타나지 않는다."

_ 아리스토텔레스

CHAPTER 2

잡념을 부르는 나쁜 습관 죽이기

14
내 인생 갉아먹는
걱정과 불안

마음을 챙기며 세상을 산다는 것은, 지금 경험하는 현재에 존재하는 것이다. 제멋대로 날뛰던 강아지 같은 나의 감정이 과거나 미래로 달려 나가지 않도록 옆에 묶어두는 것이다. 그리고 당신이 지금 살고 있는 세상과 그 경험을 의식하는 것이다. 마음을 챙기며 세상을 살게 되면, 뜨겁게 데이트를 하든, 삶에서 가장 중요한 사업 미팅이 있든, 또는 그저 두루마리 휴지 한 묶음을 사러 나가든, 그 목적과는 상관없이 믿을 수 없을 정도로 엄청난 즐거움을 발견하게 된다.

- 마크 프리먼, 《불안을 이기는 힘》 중에서

걱정이 불안을 부르고, 불안이 또 다른 불안을 불러들여서, 부정적인 생각의 틀 안에 갇혀 꼼짝달싹 못했던 경험이 있는가?

40대 가정주부인 K는 평소 걱정이 많은 편이다. 2001년 911 테러가 발생했을 때 그녀는 비행기가 세계무역센터 쌍둥이 빌딩에 충돌하는 장면을 보고 공포에 질렸다. 제3차 세계대전이 임박했다는 불안감에 사로잡혀, 식료품을 사재기한 뒤 일체 외출도 하지 않았다. 밤에는 악몽에 시달렸고, 밖에서 들리는 작은 소리에도 신경이 예민해져서 잠을 이루지 못했다.

정상적인 삶과 점차 멀어지면서 가족들과의 관계도 악화되었다. 그녀는 불안 속에서 하루하루를 살았지만, 당장이라도 일어날 것만 같았던 제3차 세계대전은 일어나지 않았다. 그 이듬해 봄이 되어서야 그녀는 자신이 얼마나 쓸데없는 걱정에 사로잡혀 있는지를 깨달을 수 있었다.

마크 프리먼은 20대 후반에 강박장애, 우울증, 범불안장애 진단을 받았지만, 약물 치료를 거부하고 스스로 마음을 치유하기 위해 10년 동안 심리 치료 분야를 연구했다. 《불안을 이기는 힘》은 10년 동안 자신의 마음을 스스로 치유해가는 과정에서 터득한 실용적인 방법을 담은 책이다.

걱정과 불안은 꼬리에 꼬리를 물고 악순환을 반복하는 경향이 있다. 이런 상태가 장기화되면 정신적 에너지가 고갈되면서 집중력과 의사결정 능력이 저하된다. 또한 과거의 사건에 대한 후회나 미래에 대한 걱정은 우리가 현재를 제대로 살아가지 못하게 만들며, 삶의 질을 심각하게 떨어뜨린다. 결국 자존감을 약화시키고, 짜증과 회피 등의 행동으로 인해 대인관계 악화로 이어진다.

걱정하고 불안해하는 습관에서 탈출하는 데는 모두 4단계 과정이 있다.

★

1단계, 원인 파악하기

하나, 감정 일기 쓰기
　걱정과 불안의 뿌리를 찾기 위해서, 매일 감정 일기를 작성한 뒤 패턴을 분석한다.

둘, 자기 성찰하기
　걱정과 불안을 유발하는 특정 상황이 있다면 자기 성찰을 해본다.
　'나는 왜 이렇게 소비를 하고 나면 불안해하는 걸까?'
　과거의 트라우마, 실패 경험, 혹은 부모로부터 물려받은 유전적인 요인이 불안의 원인일 수 있다. 또한 비합리적인 믿음이나 사고방식이 원인일 수도 있으므로 스스로 노력해보고 개선이

안 될 경우 전문가의 도움을 받아야 한다.

2단계, 긍정적인 습관 형성하기

하나, 규칙적인 운동하기

운동은 엔도르핀과 세로토닌 분비를 촉진해서 불안을 줄이는 데 도움을 준다. 특히 유산소 운동은 위험에 민감하게 반응하는 편도체의 과활성화를 억제하는 데 효과적이다.

둘, 사고 패턴 전환하기

부정적인 사고 패턴을 지니고 있다면 긍정적이고 합리적인 사고로 대체하는 습관을 기른다. 예를 들어 '이번 일은 반드시 망할 거야'라는 생각은 '나는 지금 최선을 다하고 있어. 그러니 좋은 결과가 있을 거야'라는 식으로 대체한다.

3단계, 실천적인 전략 실행하기

하나, 걱정 시간 정하기

걱정하는 습관은 오랜 세월 동안 형성된 것이어서 하루아침에 사라지지 않는다. 하루 중 10~20분을 걱정하는 시간으로 정해서, 그 시간에만 집중해서 걱정하고, 그 외의 시간에 떠오르는 걱정은 뒤로 미룬다.

둘, 걱정 해치우기

해결이 가능한 걱정은 여러 단계로 나눠서 하나씩 해결해간다. 문제해결 능력이 향상되면 걱정이나 불안도 줄어든다.

셋, 마음 챙김 명상하기

현재의 순간에 집중하는 명상을 하면 쓸데없는 걱정을 흘려보낼 수 있고, 정보를 수집해서 이성적인 판단을 내리는 전두엽의 기능을 강화할 수 있다.

4단계, 사회적 지지 활용하기

하나, 가족이나 지인들과 대화하기

걱정이나 불안은 머릿속에 있으면 몸집을 불리지만 세상 밖으로 나오면 줄어드는 경향이 있다. 허심탄회하게 마음을 열고 대화를 나누면 그 크기가 현저히 줄어든다.

둘, 충분한 수면 취하기

수면 부족은 위험을 감지하는 편도체를 민감하게 한다. 충분한 수면을 취하는 것만으로도 잔걱정들은 저절로 사라진다. 소진된 에너지가 충전되고, 머릿속이 맑아져서 이성적인 판단을 내릴 수 있다.

"걱정은 미래를 바꿀 수 없다. 하지만 걱정은 현재를 망칠 수 있다."

- 헨리 포드

  걱정하는 당신이 걱정되는 까닭은 아까운 인생을 낭비하고 있기 때문이다. 부유층의 전유물이었던 자동차를 대중화한 헨리 포드의 명언처럼 아직 닥치지 않은 일을 미리 걱정한다고 해서 우리의 미래가 바뀌지 않는다. 아까운 인생만 갉아먹을 뿐이다.

  걱정에 대한 잡념은 무쇠로 만든 갑옷보다도 무겁고 단단하다. 더 늦기 전에 대책 없이 걱정만 하는 나쁜 습관과 작별하라. 걱정의 갑옷만 벗어던져도 인생이 더없이 즐거워진다.

15

무심코 한 행동이
후회를 부른다

콜은 결정을 가로막는 첫 번째 악당과 싸우고 있다. 바로 "편협한 사고틀(narrow framing)"이다. 편협한 사고틀이란 선택지를 너무 좁은 틀 안에 가두고 이분법으로 바라보는 것을 가리킨다. 예컨대 사람들은 "여자 친구랑 헤어질까 말까?" 대신 "여자 친구와 관계가 더 나아지려면 어떻게 해야 할까?" 또 "새 차를 살까 말까?" 대신 "우리 가족이 더 안락하게 생활하려면 어떻게 돈을 쓰는 게 최선일까?"라고 생각할 수 있음을 알아차리지 못한다.

– 칩 히스·댄 히스 《후회 없음》 중에서

무심코 한 행동으로 인해 두고두고 후회한 적은 없는가?

30대 중반인 L은 출퇴근하면서 휴대폰으로 아이쇼핑을 즐긴다. 딱히 사고 싶은 물건이 있어서라기보다는 단순히 무료함을 달래고, '나도 새로운 것을 살 자격이 있다'는 감각적인 보상을 즐기기 위함이다.

그런데 그녀는 종종 예쁜 옷이나 신발, 가방, 액세서리 등에 끌려서 충동구매를 한다. 예쁜 물건을 처음 발견했을 때는 보물을 발견한 것처럼 기쁘지만, 카드 청구서를 받고 나면 사기당한 것만 같은 기분이 든다. '내가 왜 그랬을까?' 하고 자책해보지만 이미 엎질러진 물이다.

형제 작가인 칩과 댄은 심리학과 경영학 분야에서 독창적인 연구와 글쓰기로 유명하다. 《후회 없음》은 의사결정 과정에서의 오류를 줄이고 더 나은 선택을 할 수 있는 방법을 제시한다.

인간은 이성의 동물이라고 하지만 매번 그렇지는 않다. 우리의 뇌는 에너지를 절약하기 위해서, 빠르고 직관적인 판단을 내리는 '자동 조종 모드' 상태로 작동할 때가 많다.

예를 들어 배가 고프면 무심코 간식을 집어 들고, 마음에 들면 별다른 생각 없이 충동구매를 하고, 무심코 던진 농담으로 상대방에게 돌이킬 수 없는 상처를 주기도 한다.

이러한 일들은 정보를 종합해서 이성적인 판단을 내리는 뇌의 총사령관 격인 전두엽의 관여 없이 신속하게 이루어진다. 이

때의 선택과 결정은 감정이나 순간적인 욕구에 의해서 이루어지므로, 장기적인 후회로 이어지기도 한다.

후회는 주로 기대와 현실 사이의 괴리에서 비롯된다. 심리학 연구에 따르면 행동하지 않았을 때보다, 무심코 저지른 행동에 대한 후회가 더 크다고 한다. 무심코 저지른 행동은 '왜 그때 더 신중하지 못했을까?'라는 자기 비난을 불러와서, 자존감 저하로 이어진다.

무심코 저지른 행동일지라도 뇌의 보상 시스템을 활성화시킨다. 즉, 도파민이 분비되어 즉각적인 만족감을 느끼게 된다. 폭식하거나 충동구매를 하면 잠시 기분이 좋아지는 이유도 이 때문이다. 하지만 다이어트나 재정 계획의 어긋남으로 인해 장기적인 불만족을 초래해서, 뒤늦게 후회하게 된다.

후회 없는 선택과 결정을 위해서는 어떻게 해야 할까? 일상에서 적용할 수 있는 세 가지 실질적인 핵심 전략을 소개한다.

하나, 메타인지 활용하기

메타인지는 '자신의 생각을 객관적으로 생각하는 능력'을 의미한다. 이는 행동 뒤에 숨은 동기나 습관을 점검하고, 그 행동이 목표에 부합하는지 확인함으로써 더 나은 의사결정을 돕는 능력이다.

예를 들어, "내가 지금 이걸 왜 하고 있지?"라는 질문을 습관적으로 던지면, 자동 조종 모드가 해제되어서, 행동을 재조정하는 데 큰 도움이 된다.

둘, 전두엽 활성화하기

복잡한 결정을 내리기 전에 '잠깐 멈추기' 전략을 사용한다. 10~15분간 깊은 호흡을 하거나 잠시 산책을 하면, 즉각적인 욕구를 잠재울 수 있다. 자동 조종 모드가 해제되면서 전두엽이 활성화되면, 신중하고 현명한 판단을 내릴 수 있다.

셋, 결정 루틴 만들기

무심한 행동들은 종종 일상적인 습관에서 비롯된다. 이를 개선하기 위해 지속적으로 반복 가능한 '의식적 루틴'을 만든다.

결정을 내리기 전, 선택의 폭을 넓혀 다른 선택지를 찾아본다든지, 어떤 선택이 더 나은지 그 이유를 글로 써본다든지, 결정 시간을 하루쯤 늦춘다든지, 한 달이나 1년 뒤에 어떤 감정을 느끼게 될지 미리 시뮬레이션해본다든지 하는 습관을 길러놓으면 후회 없는 결정을 내릴 수 있다.

> "가장 중요한 결정은 무엇을 해야 할지 결정하는 것이 아니라, 무엇을 하지 않을지 결정하는 것이다."
>
> - 스티브 잡스

나쁜 습관은 불필요한 후회를 불러온다. 인생은 짧고 한 번뿐이다. 스티브 잡스의 말처럼 후회를 줄이기 위해서는 무엇을 하지 않을지 먼저 결정해야 하고, 일단 신중히 선택해서 결정을 내렸다면 그 결정에 후회가 없도록 온 힘을 다해 최선의 결과를 도출해내야 한다.

자동 조정 모드 상태에서의 결정만 없애도, 심플한 인생을 살 수 있다.

16
자책하지 마라, 자존감 떨어진다

> 자존감은 자기유능감(personal competence)과 자기가치감(personal worth)이라는 두 가지 요소로 이루어진다. 다시 말해 자존감은 자기존중과 자기확신을 더한 것이다. 역경을 헤쳐 나가는 자기능력(자신의 문제를 이해하고 장악하는 능력)과 행복해질 권리(자기 이익과 욕구를 존중하고 지지할 권리)를 절대적으로 확신하는 마음이 바로 자존감이다.
> - 너새니얼 브랜든, 《하루 15분 자존감 수업》 중에서

당신은 어떤 계기로 자신을 자책해본 적이 있는가? 그 일로 인해 자존감에 상처를 받지는 않았는가?

30대 중반인 M은 어려서부터 수재 소리를 듣고 자랐다. 영재 교육원을 다녔고, 과학고를 거쳐 명문대를 졸업한 뒤, 대기업에 입사했다. 경영전략팀에서 다채로운 프로젝트를 수행하는 사이 8년이 훌쩍 지나갔다.

최근에 그는 자신에게 몹시 실망했다. 반년 가까이 밤낮없이 준비했던 중요한 프로젝트가 국제 정세의 변화와 환율 변동 등으로 인해서 최종적으로 폐기 결정이 나면서, 업무 평가에서 최저점을 받았으며 과장 승진마저 팀 동료에게 밀렸다.

예전에는 항상 자신감이 넘쳤는데 그날 이후로 자신의 능력에 회의감을 품기 시작했다. 마치 중요한 무언가를 잃어버린 사람처럼 멍한 시간을 보내기 일쑤였다. 수시로 '내가 정말 이 정도밖에 안 되는 사람이었나?' 하는 부정적인 생각에 사로잡히곤 했다.

캐나다 출신의 심리학자이자 작가인 너새니얼 브랜든은 자존감을 단순한 감정이나 느낌이 아닌, 삶의 도전에 효과적으로 대처해서 행복하고 의미 있는 삶을 살아가기 위한, 필수적인 인간의 욕구이자 능력으로 정의했다. 《하루 15분 자존감 수업》은 다양한 사회적, 개인적 어려움 속에서 어떻게 자존감을 키우고 유지할 수 있는지에 대한 깊이 있는 통찰과 실질적인 조언을 제공한다.

인간은 미래를 예측하는 능력은 형편없지만 이미 발생한 일에 대해서 실수나 시행착오를 바로잡은 뒤 질서를 부여하고 관리하는 능력만큼은 탁월하다. 생존과 밀접한 연관이 있다 보니 진화과정에서 관련 신경망이 발달해, 한 가지 일을 끝내고 나면 습관적으로 되돌아보고 반성한다.

현대인의 자책은 다양하지만 다섯 가지 종류로 분류할 수 있다.

★

하나, 완벽주의로 인한 자책

자신에게 너무 높은 기준을 설정해놓고, 이를 달성하지 못했을 때 스스로를 비난한다. 예를 들면 모든 일에서 완벽을 추구하다가 작은 실수에도 크게 좌절하는 경우가 이에 해당한다.

둘, 비교에서 비롯된 자책

타인과 비교하다가 자신의 부족한 점을 발견하면 자책한다. SNS에서 타인의 성공적인 삶을 보며 자신을 비난하는 경우가 대표적이다.

셋, 후회나 실수에 대한 자책

과거의 말과 행동에 대해 반복해서 죄책감을 느끼고 후회한다. 과거의 실수를 끊임없이 되새기며 스스로를 괴롭히는 경우가 이에 해당한다.

넷, 사회적 기대와 규범으로 인한 자책

타인의 기대나 사회적 기준에 부합하지 못했을 때 자책감을 느낀다. 예를 들면, 주변 사람들의 기대에 부응하지 못했다고 생각하며 스스로를 비난하는 경우가 이에 해당한다.

다섯, 습관적인 자책

문제의 원인과 상관없이, '또 내가 일을 망쳤군' 하며, 모든 잘못을 무의식적으로 스스로에게 돌린다. 이는 무의식적으로 반복되는 부정적인 사고 패턴으로, 자존감을 크게 떨어뜨린다.

자책은 자신을 비난하는 심리적 과정이므로, 지속적으로 자책할 경우 자존감에 부정적인 영향을 미치게 된다. 자기 효능감과 자기 존중감이 낮아지면 자신을 무가치한 존재로 인식해서, 나는 늘 실패한다거나 모든 문제는 나 때문이라는 식으로 부정적인 사고 패턴을 강화한다. 이러한 부정적인 사고는 우울증과 불안장애, 집중력 저하, 결정장애, 대인 기피, 수면장애, 심혈관 질환 등을 불러올 수 있다.

그렇다면 과도한 자책에서 벗어나려면 어떻게 해야 할까. 심리학과 뇌과학을 기반으로 한 네 가지 기술적인 방법을 소개한다.

★

첫째, 사고의 재구성

　자책하는 상황을 객관화하여 기록한 뒤, 비현실적인 기대나 인지 왜곡을 바로잡는다. 예를 들어 '내가 이번 일을 망쳤어'라는 자책은 '내가 부족한 면도 있었지만 예측 불가능한 변수가 많았어'라고 사고를 재구성하면 부정적인 신경 연결망이 약화된다.

둘째, 이해하고, 안아주고, 격려해주기

　자책하고 비난하는 대신에 자신을 이해하고, 안아주고, 격려해준다. '상황이 안 좋았을 뿐이야. 비록 실패했지만 최선을 다 했으니, 다음에는 더 잘할 수 있을 거야'라며 격려해주면, 스트레스를 완화하고 긍정적인 감정을 증진시킬 수 있다.

셋째, 긍정적인 자기 암시

　매일 아침, 하루를 시작하기 전에 소리 내서 긍정적인 자기 암시를 준다. 예를 들면 "나는 실수를 통해 배우며, 매 순간 발전해 나가는 가치 있는 사람이다"라는 식으로 자기 암시를 주면 전두엽이 활성화되어 부정적인 감정을 조절할 수 있다.

넷째, 목표 재설정하기

　지나치게 높은 목표는 현실에 맞게 재조정한다. 목표를 달성할 경우 성취감을 느낄 수 있으며, 뇌의 보상 회로가 활성화되면서 자기 효능감이 커진다.

"나를 비난하는 것은 나 자신을 사랑하지 않는 것이다. 나를 사랑하는 법을 배워라."

- 루이스 L. 헤이

    자책은 자신의 말과 행동을 돌아봄으로써 스스로 반성하는 측면이 있다. 그러나 과도한 자책은 무수한 잡념을 불러오며, 결국 자존감을 떨어뜨려 자신을 스스로 무능한 인간으로 만든다. 미국의 대표적인 형이상학 강사이자 베스트셀러 작가인 루이스 헤이는 나를 비난하지 말고, 사랑하는 법을 배우라고 조언한다.

    우리는 나 자신을 더 사랑하고, 나에게 좀 더 친절해질 필요가 있다. 이 세상에서 진정으로 나를 아끼고 사랑하는 사람이 '나' 외에 과연 몇 명이나 더 있겠는가.

17
눈치 보지 마라,
아무도 나에게 관심이 없다

따라서 훌륭한 사람, 좋은 사람이라는 이미지를 버려야만 한다. 물론 훌륭하고 좋은 것을 부정하려는 것은 아니다. 지금 매달려 있는 이미지가 자신의 진정한 모습이 아니라는 점을 말하고 싶다. '훌륭한 자신'이라는 이미지를 버린다고 바람직하지 못한 내가 되는 것은 결코 아니다. 강한 나, 결단력 있는 나, 믿음직스런 나, 사랑할 줄 아는 나, 행동력 있는 나, 도전하는 나, 자신감 넘치는 내가 되라는 것이다.
- 가토 다이조, 《나는 왜 눈치를 보는가》 중에서

당신은 좋은 사람이라는 이미지에 지나치게 매달리고 있지는 않는가? 혹시 다른 사람들의 표정이나 반응에 신경 쓰느라 정작 자신이 원하는 것을 놓치고 있지는 않는가?

벤처 회사에 다니는 30대 중반인 E는 출근하자마자 인사를 건네며 팀장의 눈치를 살폈다. 불쾌한 표정을 드러내지는 않았지만 종일 불안한 마음을 감출 수 없었다.

술이 문제였다. 어제는 신입 사원 환영회 겸 회식이 있었다. 술에 취한 그는 팀장에게 술을 따라주다가 새치를 발견했다.

"어, 팀장님, 흰머리가 났네요. 제가 뽑아드릴게요!"

그가 술병을 내려놓고 다가가자, 팀장이 굳은 표정으로 슬쩍 밀쳤다.

"보는 사람도 많은데 뭐 하는 거야? 사람 참, 눈치 하고는…."

순간, 그는 자신이 실수했다는 사실을 깨달았다. 인공지능 관련 회사이다 보니 직원 대부분이 젊었다. 그래서인지 40대 중반인 팀장은 유독 나이에 민감했다.

온갖 부정적인 생각이 꼬리에 꼬리를 물고 그의 머릿속을 헤집었다

'내가 미쳤나 봐, 팀장의 역린을 건드렸어! 앞으로 회사생활이 어떻게 될까?'

점심을 먹으면서도 팀장은 그에게 눈길 한 번 주지 않았다. 오만 가지 생각이 머릿속을 스쳐지나갔다. 그는 밥을 입으로 먹는 건지 코로 먹는 건지 모를 정도였다.

일본의 저명한 심리학자인 가토 다이조의 《나는 왜 눈치를 보는가》는 자신도 모르게 타인의 시선과 감정에 지나치게 신경 쓰며 살아가는 사람들의 심리를 깊이 있게 파헤치는 한편, 눈치 보는 습관에서 벗어나 주체적인 삶을 살아갈 방법을 제시한 책이다.

눈치는 심리학 용어로 '셀프 모니터링'이라고 한다. 사회생활을 하다 보면 자신의 행동, 표현, 심지어 감정까지 타인에게 어떻게 보일지 인식하고 조절하는 '셀프 모니터링'에 점점 익숙해진다.

한국에서 흔히 통용되는 눈치는 셀프 모니터링보다 넓은 의미로 사용된다. 셀프 모니터링은 자신의 신념이나 감정에 더 충실한 반면, 눈치는 타인의 감정이나 의도, 상황이나 분위기, 자신의 행동이 타인에게 미칠 영향, 사회적 관계를 원만하게 유지하기 위한 적절한 말과 행동 등을 아우른다.

우리가 다른 사람의 눈치를 보는 심리 저변에는 다양한 감정이 깔려 있다.

애착불안은 유년시절 부모나 보호자와의 관계에서 안정적인 애착을 형성하지 못했을 때 발생하는데, 성인이 되어서도 타인의 반응에 민감하게 반응하는 경향이 있다. 또한, 인정 욕구는 타인으로부터 인정받고 싶은 강한 욕망으로, 자신의 가치를 타인의 평가에 의존하게 만든다. 이밖에도 거절에 대한 두려움으로 인한 거절 트라우마, 낮은 자존감, 타인과의 비교, 집단주의 문화 등이 타인의 눈치를 살피게 하는 요인이다.

과도하게 눈치를 살필 경우 뇌의 총사령관 격인 전두엽과 위험에 민감한 편도체를 활성화시킨다. 또한 타인의 감정이나 의도를 파악하기 위해 표정이나 행동을 감지하는 거울뉴런 시스템이 활성화된다.

뇌는 한정된 인지 자원으로 하루하루를 살아간다. 이런 현상이 장시간 이어지면, 스트레스 호르몬인 코르티솔이 과다하게 분비되어 피로감을 느끼게 되고, 집중력이 저하된다. 수면장애로 이어질 수 있으며 소화불량이나 위궤양 같은 소화기 문제를 일으킬 수 있다.

눈치를 지나치게 보면 자신의 의견을 제대로 주장하지 못해 불이익을 받을 수 있다. 또한, 거절을 못해 타인에게 이용당하거나 부당한 요구를 받을 가능성이 커진다. 더 나아가, 생각과 감정을 숨기다 보면 친밀한 관계를 형성하기 어려워진다.

인간의 뇌는 '나'의 생존과 안전 위주로 세팅되어 있다. 나와 관련된 정보는 민감한 반면 타인에 대한 정보는 무감한 편이다. 나 이외에는 아무도 나에게 관심이 없다.

우리는 누군가 나를 관심 있게 지켜보고 있다고 인식하지만 실제로는 그렇지 않다. 심리학 연구에 따르면, 사람들은 일반적으로 자신의 생각, 감정, 문제에 훨씬 더 많은 주의를 기울인다.

당신이 생각하는 것보다 타인은 당신에게 큰 관심을 가지고 있지 않을 가능성이 크다.

개개인은 다양한 가치관과 기준을 갖고 있다. 모든 사람의 기대를 충족시키기란 사실상 불가능하다. 내 삶은 그들의 것이 아니라 내 것이다. 나의 가치관과 목표에 맞는 주체적인 삶을 살아가야지, 타인의 시선이나 평가에 얽매여 자신의 생각과 감정을 억누르며 살아갈 필요는 없다.

자신의 말과 행동을 수시로 검증하고, 타인의 마음을 끊임없이 추측한 뒤 그에 맞춰 행동하다 보면, 엄청난 정신적 에너지가 소모된다. 차라리 그 에너지를 자신을 위해 온전히 사용하는 것이 훨씬 더 효율적이고, 가치 있는 일이다.

눈치를 지나치게 보는 습관을 지니고 있다면 어떻게 해야 바로잡을 수 있을까? 당당하게 자신의 삶을 살아가기 위해서는 다섯 가지 습관을 길러야 한다.

하나, 가치관에 맞게 살아가기

자신의 가치관을 명확히 한 뒤, 가치관에 따라 주관을 갖고 행동한다. 어떻게 행동해야 할지 모를 경우, '나는 어떤 사람인가?' 하고 자문한 뒤, 내면의 목소리에 귀를 기울인다.

둘, 자존감 높이기

매일 '성공 일기'를 작성한다. 작은 성공 경험을 통해서 자신감을 쌓고, 자신의 가치를 스스로 인정하여 긍정적인 자아상을 확립한다.

셋, '지금의 나'를 받아들이기

세상에 완벽한 인간은 없다. 좀 더 완벽해지려고 노력하기보다 나의 불완전함과 단점을 인정하고 받아들여, 있는 그대로의 나를 사랑한다.

넷, 자기 주장하기

생각과 감정, 욕구를 감추지 말고 솔직하게 표현한다. 누군가 싫은 일을 권하면 두려워하지 말고 'NO!'라고 말하며, 자신의 권리를 주장한다.

다섯, 비판에 대담해지기

나에 대한 비판으로 받아들이기보다는 상황에 대한 비판으로 받아들인다. 객관적으로 판단해서 수용할 부분이 있으면 수용하되, 부당한 비판은 단호하게 대처한다.

> "당신이 누구인지 그대로 드러내고, 당신이 느끼는 대로 말하라. 당신이 마음에 들지 않는 자들은 중요한 사람이 아니고, 중요한 사람들은 당신이 그렇게 행동해도 신경 쓰지 않는다."
> - 버나드 M. 바루크

미로에서는 길을 잃기 쉽듯이, 생각이 많으면 나 자신을 잃기 쉽다. 월스트리트의 전설적인 투자가인 바루크의 말처럼 타인을 지나치게 의식할 필요는 없다. 눈치는 세상을 살아가는 데 필요한 기술이지만 지나친 눈치 보기는 불행의 주범이다.

사람들은 나에게 큰 관심이 없다. 타인의 눈치를 살피다 보면 내 안에서 뿜어져 나오는 밝은 빛이 약화된다. 이 세상을 나의 빛으로 밝혀라. 타인의 삶에 집중하지 말고, 나의 삶에 온전히 집중하라.

18

티끌 같은 걱정도
쌓이면 태산이 된다

어떤 일이 예상했던 것만큼 나쁜(혹은 더 나쁜) 결과를 가져오더라도 당황할 필요는 없다. 왜냐하면 우리는 부정적인 상황이 우리에게 미칠 정서적 영향을 과대평가하기 때문이다. 미래의 자기감정 상태를 정확하게 평가하는 이런 (무)능력을 정서 예측(Affective Forecasting)이라고 한다. 사실 우리의 예상은 대부분 완전히 틀린다. 예를 들어 직장을 옮긴 후 수입이 줄어들거나 더 작은 집으로 이사해야 할 때 처음에는 불행해질 거라는 생각이 들긴 하지만 실제로는 그렇게 불행하지 않다. 일시적으로 조금 괴로울 수는 있지만 새로운 재정 상황에 매우 빨리 익숙해진다.

- 폴커 부슈, 《걱정 해방》 중에서

오늘 옷차림이 이상해 보일까 봐 걱정한 적이 있는가? 전화도 안 받고, 답장도 안 하는 친구 때문에 혹시 내가 뭘 잘못한 것은 아닌지 걱정했던 적이 있는가?

30대 후반의 중견기업 과장인 R은 결혼기념일을 맞아 보라카이로 3박 4일 여행을 갔다. 일정을 예약해둬서 떠나기는 했지만 중요한 프레젠테이션을 앞둔 탓에 마음이 편하지 않았다.

그는 휴가를 전혀 즐길 수 없었다. 모래사장에 누워 두 눈은 파란 하늘과 보라카이의 아름다운 해변을 보고 있지만, 머릿속에서는 시도 때도 없이 프레젠테이션을 망쳐서 상사에게 질책받는 광경이 떠올랐다. 아름다운 풍경도 눈에 들어오지 않았고, 맛있는 음식을 먹어도 맛을 느낄 수 없었다. 급기야 휴가 마지막 날에는 프레젠테이션을 하려고 단상에 섰는데, 갑자기 말문이 턱 막혀서 식은땀만 질질 흘리는 악몽을 꾸기도 했다.

휴가가 끝나고 그는 임원들 앞에서 프레젠테이션을 했다. 몇 가지 사소한 실수를 제외하고는 무사히 끝났고, 그제야 그는 보라카이에서 휴가를 제대로 즐기지 못했던 소심한 자신을 자책했다.

독일의 정신과의사이자 신경과학자인 폴커 부슈의 《걱정 해방》은 뇌과학적인 관점에서 걱정의 메커니즘을 명쾌하게 설명하면서, 걱정에서 벗어나 자유로운 정신 상태를 만드는 구체적인 방법을 제시하고 있다.

작은 걱정도 반복하다 보면 눈덩이처럼 커진다. 그러나 실제 마주하게 되면 '별것도 아닌 걸로 괜한 걱정을 했네'라며 실소 짓는 경우도 허다하다.

그렇다면 인간이 걱정으로부터 자유롭지 못한 까닭은 무엇일까?

그것은 바로 생존 본능 때문이다. 뇌는 긍정적인 정보보다 부정적인 정보를 쉽게 받아들인다. 걱정은 일종의 '잠재적 위협'이어서 이 문제를 어떤 식으로든 해결하기 전까지는 끊임없이 반복해서 생각한다.

뇌는 에너지를 절약하기 위해 '휴식 모드'로 접어드는데, 이때는 특정 생각이나 감정에 대해서 반복적으로 곱씹는 '반추' 상태에 놓이게 된다. '프레젠테이션 발표 실패하면 어떡하지?', '시말서 정도로 끝날 수 있을까?', '사직서를 쓰라고 하면 어떡하지?' 등등 부정적인 생각이 꼬리에 꼬리를 물면서 걱정을 증폭시킨다. 이러한 걱정은 문제해결보다는 감정 소진을 유발시켜, 스트레스만 증가한다.

걱정과 현실 사이의 갭은 '인지 왜곡' 때문이다. 대표적인 예로는 '재앙화'가 있다. 재앙화는 사소한 문제를 과장해서 최악의 시나리오를 짜는 경향을 의미한다. 예를 들면, 지각 한 번 했다고 해서 직장에서 해고되는 상상을 하는 식이다.

이러한 인지 왜곡은 전두엽의 기능 저하와 깊은 관련이 있다. 지나친 걱정으로 감정의 영역인 변연계와 위험을 감지하는 편도체가 활성화되면 스트레스 호르몬인 코르티솔이 과다 분비된다. 이로 인해 장기기억장치인 해마가 손상됨으로써, 전두엽의 판단력이 흐려지면서 인지 왜곡이 일어난다.

앞에서도 말했다시피 걱정의 96%는 하지 않아도 되는 사소한 걱정이다. 정신적 에너지만 소모할 뿐 대부분 실제 일어나지 않으며, 걱정한다 해도 인간의 힘으로서는 어찌할 수 없는 걱정이거나, 실제 닥친다 해도 감내할 수 있는 수준이다.

심리학에는 '걱정의 역설'이라는 개념이 있다. 걱정은 문제해결을 돕는 방어기제처럼 보이지만, 역설적으로 문제해결을 방해하는 경우가 더 많다. 과도한 걱정은 집중력, 논리력, 창의력 저하를 불러와 오히려 문제해결 능력을 떨어뜨린다.

작은 걱정도 쌓이면 태산처럼 무겁게 다가온다. 사소한 걱정이 산불처럼 번지기 전에 초기에 진압할 필요가 있다. 다음의 다섯 가지 방법을 꾸준히 실천하면 걱정이 습관적으로 커지는 것을 예방해서, 좀 더 평온한 심신 상태를 유지할 수 있다.

★

하나, 걱정 포착하기

　사소한 걱정이 스멀스멀 떠오르면 재빨리 걱정에 구체적인 이름표를 붙여준다. 예를 들면 '프레젠테이션 준비 부족으로 인한 걱정'이라고 라벨링하면 걱정을 객관적으로 바라볼 수 있고, 해결책을 모색할 수 있다.

둘, 생각 멈추기

　걱정이 제멋대로 꼬리에 꼬리를 물고 이어질 경우, "이제 그만!"이라고 외친다. 생각의 흐름을 끊는 효과가 있다. 고무밴드를 손목에 차고 있다가 계속해서 걱정이 떠오르면, 살짝 튕기는 것도 하나의 방법이다. 이러한 신체적 자극은 생각의 흐름을 끊는 데 효과적이다.

셋, 걱정의 무게 측정하기

　'프레젠테이션을 망치면 어떡하지?' 하는 걱정이 떠오른다면 실제 망칠 가능성을 수치로 표시로 보고, 최악의 결과를 도출해 낸 뒤 내가 감당할 수 있는 수준인지 확인한다. 좀 더 정밀하게 걱정의 무게를 재고 싶다면, 걱정을 뒷받침하는 객관적인 증거와 반박 가능한 증거를 함께 찾아본다. 그 사이에서 타협점을 찾아낸 뒤 무게를 잰다.

넷, 불안감 잠재우기

　짧고 긍정적인 문장을 반복해서 말한다. "나는 안전해", "지금까지 그래왔듯이 이번에도 잘해낼 수 있을 거야"라고 반복하다 보면 전두엽이 활성화되면서 걱정이 사라진다.

다섯, 걱정을 신체 에너지로 전환하기

가만히 앉아서 걱정하기보다는 걷기나 스트레칭 등을 한다. 쉽게 집중할 수 있는 설거지나 청소를 하는 것도 하나의 방법이다. 걱정을 신체 에너지로 전환하면 걱정으로부터 손쉽게 벗어날 수 있다.

> "걱정한다고 내일의 슬픔이 줄어드는 것은 아니다. 오히려, 오늘을 살아갈 힘이 줄어들 뿐이다."
> - 코리 텐 붐

유대인들을 숨겨주고 도왔다는 이유로 체포되어 악명 높은 나치 수용소에 수감되었지만, 기적적으로 살아남아 인간의 위대함을 몸소 보여준 코리 텐 붐의 명언처럼, 걱정할 시간에 현실을 직시할 필요가 있다.

우리는 인생의 상당 부분을 사소한 걱정으로 낭비한다. 티끌 같은 걱정이 날아와서 내 인생을 온통 걱정으로 뒤덮어버리기 전에 현명하게 대처하고, 현재를 살아가라. 그것이 걱정에서 벗어나는 가장 확실한 방법이다.

19

비교하지 마라,
내 삶을 살기도 버겁다

> 내가 나로서 존재하지 못한다면 나는 불멸을 위해 내가 가진 것 중 단 한 가지도 내놓지 않을 것이다. 나의 개성을 보증해 주지 않는다면 그 무엇에도 소속되지 않을 것이다. 나는 완전하고 탁월하다. 나보다 더 뛰어난 개성은 없다.
> - 쇼펜하우어, 《당신의 인생이 왜 힘들지 않아야 한다고 생각하십니까》 중에서

당신도 한 번쯤은 성공한 지인으로 인해서 내 삶이 한없이 초라해져서, 그 동안의 삶이 무가치하게 느껴졌던 경험이 있지 않는가?

30대 중반인 C는 고등학교 동창의 집들이에 초대받았다. 신

혼집은 강남에 있었는데, 거실로 들어서자마자 감탄이 절로 나왔다. 넓은 거실과 세련된 인테리어는 마치 호텔 스위트룸에 들어선 기분이 들게 했다. 부인도 결혼식장에서 보았을 때는 몰랐는데, 상당한 미인에다 성격까지 서글서글했다.

"구입할 때는 집값이 이미 많이 오른 상태여서 고민을 많이 했는데, 집값이 몇 달 사이에 또 올랐더라고."

고등학교 동창들이 부러운 눈빛으로 집 안을 두리번거리자, 친구가 슬쩍 자랑을 늘어놓았다.

웃고 떠드는 친구들 사이에서 묵묵히 술잔을 기울이다 보니 문득, 자신의 신혼집이 생각났다. 그는 경기도에 있는 13평짜리 아파트에 전세로 살고 있었다. 퇴근 시간만 두 시간 가까이 걸려서, 아파트에 들어서면 파김치가 되곤 했다.

'나는 언제쯤 서울에 집을 장만할 수 있을까?'

그는 잠깐 생각하다가, 마치 이룰 수 없는 꿈을 꾸고 있는 것만 같아서, 머리를 가볍게 흔들었다. 자신이 마치 땅콩 속의 작은 애벌레가 된 기분이었다.

독일의 철학자 쇼펜하우어는 염세주의로 유명하지만, 그의 사상은 단순히 비관적인 것을 넘어 삶의 고통을 이해하고, 이를 극복하는 방법을 제시한다. 《당신의 인생이 왜 힘들지 않아야 한다고 생각하십니까》는 행복의 본질과 고통스러운 삶 속에서 긍정적인 태도를 유지하는 삶의 지혜를 담고 있다.

인간이 끊임없이 타인과 비교하는 까닭은 진화적이고 생물학적인 이유에서 비롯된다. 부족 내에서 사회적 위치를 확인하거나 다른 사람과의 경쟁력 비교는 생존 전략의 중요한 요소였다. 생존 가능성을 높이기 위해서 더 높은 위치에 오르거나 경쟁력에서 우위를 점해야 했다.

사회심리학자 레온 페스팅거의 '사회 비교 이론'에 따르면, 인간은 자신의 능력이나 의견을 평가할 때 객관적인 기준이 없을 경우, 타인과의 비교를 통해 자신을 이해하려고 하는 경향이 있다는 것이다.

타인과의 비교는 자존감을 유지하거나 향상시키는 수단으로 작용하기도 한다. '상향 비교'를 통해 '나도 저렇게 될 수 있다'는 희망을 가질 수 있고, '하향 비교'를 통해 '나는 저들보다 낫다'는 안도감을 얻을 수 있다.

적당한 경쟁 심리는 성장의 동력으로 작용하지만 지나친 경쟁은 스트레스와 불안을 유발한다. 현대 사회는 다양한 매체를 통해 타인의 성공한 모습이나 이상적인 기준을 끊임없이 제시하며, 비교 심리를 부추기는 경향이 있다.

비교의 가장 큰 폐해는 자존감 저하이다. 비교 과정에서 자신이 타인보다 우월하다고 느낄 때는 뇌의 보상 시스템인 도파민이 분비되어 일시적인 만족감을 제공한다. 그러나 열등하다고 느낄 때는 보상 시스템이 억제되며, 이는 좌절감과 열등감으로 이어진다. 이러한 감정은 자존감을 크게 떨어뜨리고, 결국 자신의 가치를 부정하게 만든다.

심리학자들은 행복에 대해 '쾌락 적응'이라는 개념을 제시한다. 우리는 주어진 환경과 조건에 쉽게 적응하므로 시간이 지날수록 행복감을 상실한다는 것이다. 따라서 더 나은 삶을 추구한다고 해도 실제로 그 행복이 지속되기는 어렵다. 오히려 비교하는 삶을 살수록 끊임없는 결핍을 느끼게 되고, 설령 내가 원하는 삶을 이루었다고 해도 비교로 인해 그 성취를 즐길 여유조차 사라진다.

비교는 가뜩이나 힘든 내 삶을 버겁게 한다. 만성적인 불만족으로 인해 자존감이 저하되고, 질투와 시기심으로 인해 내가 가진 것에 대한 감사함을 잊게 되고, 불안과 스트레스는 증가하고, 타인의 기준에 맞춰 살아가려고 노력하다 보면 나의 가치관, 욕구, 목표를 잃어버려서 나의 본질과 멀어져, 나 자신에게마저 소외감을 느끼게 된다.

비교하지 않고 내 삶을 살아갈 수 있도록, 실천 가능한 다섯 가지 방법을 소개한다. 이 방법들은 심리학과 뇌과학적 근거를 바탕으로 해서, 일상에서 쉽게 적용 가능하다.

★

하나, 비교 기준 설정하기

비교의 가장 큰 함정은 타인의 기준을 잣대로 삼는 데 있다. 오늘 이 순간부터는 타인과 비교하지 말고, 나 자신과 비교하라. 나만의 특별한 성장 지표를 만들어서, '어제의 나보다 더 나아졌는가?'를 기준으로 삼는다.

둘, 감사 일기 쓰기

매일 저녁, 하루를 살면서 감사했던 일 세 가지를 적는다. 감사 일기를 꾸준히 쓰면 비교로 활성화된 편도체가 진정되고, 전두엽의 자기조절 능력이 강화된다.

셋, 소셜 미디어 제한하기

소셜 미디어 사용 감소는 비교를 줄이고, 행복감을 높이는 데 효과적이다. 일정한 시간을 정해놓고 하루에 한 번만 확인하거나, 특정 기간 디지털 디톡스를 시도하면 나 자신의 삶을 찾는 데 효과적이다.

넷, 소소한 목표 설정하기

대개 과도한 목표를 자신에게 부여하거나 비현실적인 기대를 자신에게 부여할 때 비교 심리가 활성화된다. 작은 목표를 세운 뒤 꾸준히 성취해가다 보면, 자신감이 생기고 자존감이 높아져서, 굳이 타인과 비교할 필요성을 못 느끼게 된다.

다섯, '경쟁 심리'가 아닌, '협력 심리'로 전환하기

비교를 성장의 동력으로 삼는다. 타인의 성공을 경쟁으로 보지 않고, 분발의 계기나 배움의 기회로 삼으면 불필요한 감정 소모는 줄어들고, 스트레스도 감소한다.

> "다른 사람들이 얼마나 많이 가졌느냐에 집중하면, 당신은 자신이 적게 가졌다고 느낄 것이다. 하지만 당신이 가진 것에 집중하면 얼마나 많은 것을 가지고 있는지 스스로 깨닫게 될 것이다.
> – 흐리시케시 아그니호트리

인도의 작가이자 동기부여 강사인 아그니호트리는 비교하는 삶을 경계하는 한편, 내면의 가치에 집중하고, 매사에 감사하는 삶을 살라고 권한다.

비교는 온갖 잡념을 불러와서, 나의 아까운 시간을 훔쳐가는 도둑이다. 요즘 흔히들 말하는 '어쩌다 태어난 인생'이라고 해도, 한 번뿐인 내 인생이지 않는가. 타인의 성공을 훔쳐보느라 내가 성공할 기회를 놓치지 말고, 타인의 삶을 엿보느라 내 삶을 낭비하지 마라.

20

불평하지 마라,
성공과 멀어진다

뇌를 연구하는 과학자들은 이렇게 표현한다. "동시에 활동하는 신경세포는 함께 연결된다." 즉, 무언가에 대해 특정 방식으로 자주 생각할수록 그 사고 패턴에 더 사로잡히게 된다는 것이다. 불평을 자주 하는 사람들은 대뇌의 뉴런이 부정적인 방식으로 삶을 처리하는 방향으로 다리를 놓은 셈이다. 그들의 잘못은 아니다. 시간이 지나면서 뇌가 부정적인 사고방식으로 가는 지름길을 만들어냈을 뿐이다.

- 윌 보웬, 《불평 없이 살아보기》 중에서

오늘 하루, 당신은 얼마나 많은 불평불만을 쏟아냈는가? 무심코 내뱉은 그 불평불만이 당신의 성공을 가로막고 있는 것은 아닐까?

30대 후반의 자영업자인 E는 사람들을 만날 때마다 불평불만을 늘어놓았다.

"지독한 불경기야. 장사가 너무 안 돼!"

"인건비가 너무 올라서 사람을 쓸 수가 없어. 그렇다고 혼자 할 수도 없고."

"정부가 제대로 일을 안 해. 자영업자들이 죽어 나자빠지든 말든 신경도 안 써."

그는 갈수록 가게 안에 손님이 줄어드는 것을 보면서 땅이 꺼져라 한숨만 내쉬었다. 맞은편 가게는 간판도 바꾸고, 인테리어도 새로 하더니, 제법 손님들로 북적거렸다.

아내가 부러워하자, 그가 코웃음을 치며 말했다.

"저건 다 개업 빨이야. 보름도 가지 못할걸?"

미국의 목사이자 작가인 윌 보웬은 그의 저서와 동명인 '불평 없이 살아보기' 운동의 창시자이다. 《불평 없이 살아보기》는 불평, 비난, 험담 없이 21일 동안 생활하는 간단한 실천 방법과 함께, 개인의 삶과 세상을 긍정적으로 변화시킨 경험을 담고 있다.

그렇다면 인간은 왜 불평불만을 하는 걸까?

아무짝에도 쓸모없어 보이는 불평불만도 진화적 생존 본능과 밀접한 관계가 있다. 현실의 위험을 지적하거나 스트레스 요인을 표출함으로써, 환경에 대한 통제를 시도하려는 심리적 방어기제이기도 하다. 그러나 현대에서는 생존 위협보다는 심리적 불편함이 주된 원인이라 할 수 있다.

불평불만은 단순히 개인적 스트레스 해소 차원을 넘어, 사회적 행위이기도 하다. 사람들은 불평불만을 통해 공감대를 형성하고 관계를 강화하려는 경향이 있다. 그러나 공감대가 형성되면 일시적인 만족을 얻을 수는 있지만 궁극적인 문제와는 점점 멀어지게 되고, 일시적인 만족을 위해 더 자주 불평불만을 늘어놓게 된다.

불평불만이 만성화될 경우 마틴 셀리그먼이 제시한 '학습된 무기력'에 빠지게 된다. 학습된 무기력이란 반복된 실패 경험으로 인해 시도조차 하지 않으려는 심리적 상태를 의미한다. 즉, 자신의 문제를 해결할 수 없다는 인식이 무의식적으로 강화된 상태에서, 불평불만을 통해 스트레스를 소극적으로 해소하려고 시도한다.

불평불만만 늘어놓는 사람은 점점 성공에서 멀어지게 된다. 문제해결에 집중해야 할 뇌가 감정 표출에 더 많은 에너지를 소비하게 되고, 이는 결과적으로 창의력과 집중력을 저하시킴으로써, 전두엽의 해결 능력이 약화된다.

불평불만에 익숙해지면 뇌의 특정 신경 경로가 강화된다. 뇌는 자주 사용하는 패턴을 '기본 설정'으로 정한다. 부정적인 생각, 불평불만 등의 신경 회로가 반복적으로 활성화되면 긍정적인 사고를 하는 데 더 많은 에너지와 노력이 필요하다.

또한 불평불만이 습관화된 사람은 대개 삶의 주도권을 빼앗긴 '피해자 의식'을 지니게 된다. 결국 '상황을 바꿀 힘이 나에게는 없다'는 믿음을 강화함으로써, 능동적인 삶을 방해하고 초점을 환경 탓으로 돌린다.

불평불만을 지속적으로 표출하면 주변 사람들에게도 스트레스를 유발하여, 주위 사람들과의 관계도 점점 멀어지게 된다. 결국 관계가 악화되어서, 협력의 기회마저 줄어든다.

성공하려면 자신의 삶에 대한 주체 의식이 있어야 한다. 불평불만이 있다면 본질적인 문제를 해결하는 데 집중해야 한다. 또한 성공은 혼자만의 역량으로는 어려울 수 있으므로, 팀워크나 질 좋은 인맥 네트워크가 필요하다.

그렇다면 불평불만을 멈출 수는 없을까? 여기에 불평불만을 멈추게 할 수 있는 여섯 가지 기술적인 방법이 있다.

★

하나, 기록하기

불평불만을 일삼는 사람은 자신이 얼마나 자주 불평하는지

조차 인식하지 못한다. 자신이 불평불만을 터뜨릴 때마다 기록한다. 기록한 내용을 바탕으로 불평불만의 주제, 빈도, 감정 등을 분석하고, 특정 패턴을 발견한다.

둘, 해결 중심의 대화하기

불평불만을 없애기 위한 가장 효과적인 방법 중 하나는 부정적인 감정을 문제해결로 전환하는 것이다. 예를 들어 내가 하고 있는 일이 만족스럽지 않다면, "어떤 점이 내 일을 불만족스럽게 만들지?"라며, 나 스스로 대화하거나 주변 사람들과의 대화를 통해서 문제점과 함께 개선점을 찾아낸다.

셋, 긍정적인 사고 기르기

불평불만을 긍정적인 말로 대체한다. 심리학자 션 에이커의 연구에 따르면, 긍정적인 점을 하루 세 가지만 찾아내도 뇌의 긍정 신경 경로가 강화된다고 한다. 감사 편지 쓰기, 긍정적인 경험 떠올리기 등도 긍정적인 사고를 기르는 데 도움 된다.

넷, 중단신호 만들기

습관적으로 불평불만이 터져 나오려는 순간, 신체적 신호를 보내 중단하는 연습을 한다. 예를 들어 테이블을 가볍게 두 번 두드리거나, 고개를 두 번 끄덕임으로써 불평불만을 중단한다. 이 신호는 '나는 불평불만 대신 문제해결에 집중할 거야'라는 의지의 표출이기도 하다.

다섯, 해결할 수 있는 것에 집중하기

문제가 생기면 '해결할 수 있는 것' vs. '내가 해결할 수 없는 것'으로 분류한다. 후자라면 불평불만 하지 말고 놓아주고, 전자라면 문제해결에 집중한다.

여섯, 환경 바꾸기

불평불만이 많은 사람은 끼리끼리 모이는 경향이 있다. 환경을 바꿔서 부정적인 태도를 지닌 사람은 멀리하고, 긍정적인 태도를 지닌 사람과 가까이한다. 긍정적인 태도를 지닌 롤 모델을 찾아서 벤치마킹하는 것도 하나의 방법이다. 또한 현대에서는 온라인 환경도 무시할 수 없으므로 긍정적인 콘텐츠를 구독하고, 건강한 커뮤니티에 참여한다.

> "그대가 곤경에 처해 있다 하더라도 다른 사람에게 하소연하거나 불평불만을 토로하지 마라. 체면만 손상될 뿐 아무런 도움도 되지 않는다."
>
> - 발타사르 그라시안

스페인의 예수회 사제이자 철학자인 그라시안은 인간 본성과 세상 이치에 대한 날카로운 관찰력을 지녀서 '17세기의 현인'이라 불린다. 그의 말대로 불평불만은 체면을 떨어뜨리고, 오히려 대인관계를 약화시킨다.

부자가 되고 싶다면 불평불만만 하지 말고, 문제해결에 집중하라. 부자 중 상당수가 일상에서 느끼는 불편함을 해소하려다가 성공을 거두었다.

이제, 당신 차례다.

21
시간관리만 잘해도
머릿속이 개운하다

> '사는 대로 생각하는 것'이 아니라 '생각한 대로 사는 것'을 지키고 싶다면 일과 사적인 시간 모두에 있어서 깊은 고민 끝에 나온 인생 계획이 뒷받침되어야 한다. 그래야만 시간이 많이 지나고 돌이켜봐도 '지금 하는 일'이 '미래의 내가 만족하는 일'과 만날 수 있다.
>
> – 로타르 J. 자르베이트, 《독일 사람들의 시간관리법》 중에서

당신에게는 인생 계획이 있는가? 오랫동안 공들였던 일이었는데 지나고 나서 후회해본 적은 없는가?

50대 초반의 사업가인 S는 요즘 몹시 우울하다. 열심히 살아

왔다고 자부했는데, 삶에서 가장 소중한 것을 놓쳐버린 것만 같았다.

아내가 "요즘 몸이 안 좋아!" 하고 하소연한 것은 그가 한창 사업에 몰두하던 3년 전, 봄이었다. 그는 "병원에 가봐"라는 말 한마디만 남기고 골프채를 들고 집을 나섰다.

그로부터 3개월 뒤 아내가 병원에 입원했다. 처음에는 폐렴이라고 해서 병원에서 푹 쉬면 나을 줄 알았는데 급성 폐렴으로 번졌고, 패혈증 증세가 나타나더니 갑작스레 숨을 거두었다. 허망한 죽음이었다.

장례식을 치르고 나자 이번에는 아이들이 하나둘 집을 떠났다. 첫째는 외국으로 유학을 갔고, 둘째는 고시원에 들어갔다. 퇴근하고 집에 들어서면 마치 무덤 속처럼 적막했다.

"나는 어쩌자고 인생을 아무 대책 없이 살아온 걸까?"

그의 우선순위는 사업이었다. 바쁘다는 핑계로 가족 여행 한 번 제대로 가본 적이 없었다. 가족 여행쯤은 사업이 잘되면 얼마든지 갈 수 있다고 생각했다.

그때는 사업에 성공하는 것만이 나의 행복이요, 가족의 행복이라고 생각했는데, 착각이었다는 생각이 자꾸만 들었다. 곰곰이 돌이켜보니 인생의 진정한 가치는 소중한 사람들과 함께하는 시간뿐이었다.

거실 벽면에 걸려 있는 가족사진을 보고 있으니 눈물이 주르

륵 흘러내렸다. 모든 재산을 신에게 바쳐서라도 돌아갈 수만 있다면 과거로 돌아가고 싶었다. 혼자 외로워했을 아내의 병실을 지켜주지 못한 일이 그렇게 후회스러울 수가 없었다.

독일의 저명한 시간관리 및 자기관리 전문가인 자르베이트의《독일 사람들의 시간관리법》은 효율적인 시간관리 원칙과 구체적인 실천 방법을 소개하고 있다.

심플한 인생을 살고 싶다면 시간관리를 잘해야 한다. 시간관리를 제대로 하지 못하면 잡념이 계속해서 머릿속에 먼지처럼 쌓일 수밖에 없다.

인간의 뇌는 한정된 인지 자원으로 모든 일들을 해낸다. 따라서 처리해야 할 업무가 정리되지 않고 머릿속에 떠다니면 뇌 부하가 걸린다.

사회심리학자인 블루마 지그니크가 밝혀낸 바에 따르면, 미완성된 작업과 해결하지 못한 문제는 뇌에 계속 남아서 그것들을 떠올리게 만든다. 마치 컴퓨터 메모리를 잡아먹는 백그라운드 프로그램처럼 시스템의 속도를 느리고 하고 과부하를 초래한다. 완결되지 않은 수많은 문제는 인지 자원을 소모해서 집중력을 저하시키는 주범이다.

시간관리를 제대로 못 해 마감 시간에 쫓겨서 삶에 대한 통제력을 잃게 되면, 불확실성이 증폭된다. '제 시간 안에 끝낼 수 있을까?', '혹시 중요한 것을 놓치고 있는 것은 아닐까?' 등등 불안과 함께 온갖 잡념이 장마철의 먹구름처럼 밀려온다.

해야 할 일을 미루다가 무산되거나 실패로 끝나면, 죄책감이 들면서 자기 비난으로 이어진다. '나는 게을러', '나는 무능해'와 같은 자기 비난은 부정적인 감정의 소용돌이를 만들어서, 또 다른 잡념을 낳는 악순환을 초래한다.

시간관리만 잘해도 뇌가 편안해진다. 삶에 대한 통제력을 회복할 수 있어, 미래에 대한 불확실성이 줄어들고 불안감이 감소한다.

우선순위에 따라서 해야 할 일들을 하나씩 처리해가다 보면, 미해결 과제가 줄어들고, 인지 자원을 효율적으로 사용할 수 있어서 집중력도 향상된다.

무엇보다도 계획을 실행하고 목표를 달성해가는 과정에서 성취감을 느낄 수 있으며 삶에 대한 긍정적인 감정을 경험할 수 있다.

그렇다면 효율적으로 시간관리를 하려면 어떻게 해야 할까? 여기서는 일곱 가지만 간략하게 소개하겠다.

★

하나, 목표 설정하기

인생의 목표를 설정한다. 그런 다음 SMART-구체적(Specific),

측정 가능(Measurable), 달성 가능(Achievable), 관련성 있는(Relevant), 시간 제한적인(Time-bound)-한 목표를 장기·중기·단기로 설정한다.

둘, 우선순위 정하기

우선순위를 정할 때는 '아이젠하워 매트릭스'를 참조하여 중요한 일과 급한 일로 분류한다. '중요하고 급한 일'부터 먼저 처리하고, '중요하지만 급하지 않은 일'은 장기적으로 계획한다. '중요하지 않지만 급한 일'은 가능하다면 다른 사람에게 위임하고, '중요하지도 않고 급하지도 않은 일'은 최대한 제거한다.

셋, 시간 계획표 작성하기

전날 저녁이나 당일 아침에 시간 계획표를 짠다. 구체적인 목표를 세우고, 시간 단위로 잘게 나눈다. 연구에 따르면 목표가 명확할수록 집중력이 증가한다.

넷, 작업 단위 최소화하기

작업을 작은 단위로 나누어 부담을 줄인다. 뇌는 작은 목표를 달성해서 성취감을 느낄 때마다 도파민을 분비한다. 쾌락 호르몬인 도파민은 동기를 높여준다.

다섯, 완벽에 집착하지 않기

완벽주의는 시간을 잡아먹는 블랙홀이다. 완벽하게 처리하려 하지 말고, 적당한 수준에서 작업을 마무리한다. 심리적으로 미해결과제를 해소하는 효과가 있어서, 뇌를 효율적으로 사용할 수 있다.

여섯, 기록하고 정리하기

뇌의 단기 저장 능력은 한계가 있다. 이미 처리했거나 떠오른 아이디어는 정리해두면 뇌의 인지 자원을 아낄 수 있다.

일곱, 중간 점검하기

주기적으로 계획대로 진행되고 있는지 확인한 뒤, 현실에 맞게 전체적인 계획을 수정한다. 시간관리에 실패했다면 원인을 파악하고 재발 방지책을 세운다.

> "시간을 관리하는 것은 당신의 삶을 관리하는 것이다. 시간을 잘 관리하면 삶의 질이 향상된다."
>
> - 브라이언 트레이시

시간이 꼬인 실처럼 엉키면 삶도 이리저리 엉키면서 잡념으로 머릿속이 복잡해진다. 의지력도 저하되고 집중력도 떨어져, 일하는 시간보다 잡념에 사로잡히는 시간이 더 많아진다.

시간은 인생을 살아가는 소중한 자원이다. 캐나다 출신의 작가이자 기업 컨설턴트인 트레이시의 말처럼 시간관리를 잘해야 삶의 질을 높일 수 있고, 만족한 삶을 살 수 있다.

22

완벽해지려고 애쓰지 마라, 마음만 상한다

나는 완벽주의의 함정에 빠져 실패에 대한 극심한 두려움과 무력감을 느낄 때마다 능력은 향상될 수 있고, 인생에는 당연히 부침이 있으며, 과거에도 종종 그랬듯이 노력을 하면 더 잘할 수 있다는 사실을 떠올린다. 성장형 사고방식으로 여행에 초점을 맞추면 부담감이 줄어든다. 또한 일의 능률이 오르고 즐기면서 일을 할 수 있다. 또한 우리 집 아이들과 학생들에게도 성장형 사고방식의 본보기를 보여주려고 노력한다.

- 탈 벤 샤하르, 《완벽주의자를 위한 행복 연습》 중에서

당신은 치밀한 성격인가? 그렇다면 완벽하게 해내고 싶은 욕

심에 시작조차 못 했거나, 시작은 했지만 끝내지 못한 일이 있는가?

40대 초반의 워킹맘인 K는 요즘 들어 마음 한편이 불안하다. 세 번의 유산 끝에 아이를 출산했을 때는 날아갈 듯이 기뻤다. 그녀는 완벽한 엄마, 최고의 엄마가 되겠다고 다짐했다.

처음에는 모든 것이 순조로웠다. 모유를 수유했고 이유식은 유기농 재료로 손수 만들었다. SNS를 샅샅이 뒤져서 육아 프로그램도 최고로 좋은 것만 제공했고, 옷이나 유모차도 명품으로 구입했다. 지출이 만만치 않았지만 남편이 회계사여서 그럭저럭 버틸 만했다.

문제는 아이가 유치원에 들어가면서부터였다. 전문가들은 아이의 잠재력을 최대한 끌어낼 수 있는 나이라고 했다. 마음 같아서는 영어, 불어, 미술, 음악, 무용, 체육, 영재교육 프로그램, 창의력 개발을 위한 놀이, 사회지능지수 향상을 위한 국악까지 남들이 좋다는 교육은 죄다 시키고 싶었지만 문제는 돈이었다.

"솔직히 우리 형편에 더 이상은 무리야!"

교육비 문제로 남편과 말다툼하는 날이 늘어갔고, 뜻대로 교육을 못 시키게 되자 살아온 삶이 후회스러웠다.

'내가 돈을 좀 더 모아놨어야 했어. 아니, 내가 직장을 그만두는 게 아니었어!'

그녀는 SNS를 볼 때마다 절망감을 느꼈다. '숨겨진 재능이 무궁무진한 아이인데, 부모를 잘못 만나 날개가 꺾였어. 내가 그 날개를 꺾은 거야!'라는 생각이 들자, 아이에 대한 죄책감이 밀려들었다.

"부모가 아이를 위해 할 수 있는 일에는 한계가 있어요. 아이는 아이의 인생을 살게 하고, 자신의 인생을 사세요."

그녀는 주변 사람들의 권유로 정신병원을 찾았고, 의사는 진심어린 충고를 했다. 처방해준 우울증 약을 먹으니 다소 차도가 있다가도, 환한 아이의 웃음을 보면 마음 한구석이 허전했다. 마치 태양 가까이 날아갔다가 날개를 붙인 밀랍이 태양열에 녹는 바람에 추락한 이카루스가 된 기분이었다.

이스라엘 태생의 긍정심리학자인 탈 벤 샤하르의 《완벽주의자를 위한 행복 연습》은 완벽주의의 함정을 날카롭게 지적하면서 불완전함 속에서도 진정한 행복과 충만함을 누릴 수 있는 실제적인 방법에 대해 다루고 있다. '최적주의'는 현실적인 목표를 설정하고, 과정에서의 노력과 성장을 중요하게 생각하며, 실패를 통해 배우는 긍정적인 태도를 의미하는데, 완벽주의의 대안으로 제시하고 있다.

그렇다면 인간은 왜 완벽해질 수 없는 걸까?

인간의 뇌는 완벽을 추구할 수 있을 만큼 무한한 자원을 갖추고 있지 않다. 뇌는 전체 무게의 약 2%를 차지하지만, 에너지 소모는 약 20%에 이를 정도로 고된 작업을 수행한다. 완벽을 추구할수록 뇌는 불필요한 에너지를 계속 소모하며 빠르게 고갈된다. K의 사례처럼, 높은 기준을 성취하지 못했을 때 찾아오는 자기비난과 후회는 도파민 결핍 상태를 유발해 더 깊은 좌절감으로 이어진다.

또한 인간은 제한된 정보만으로 추론하고 결정을 내리는 존재여서, 세상의 변화를 완벽하게 이해할 수 없다. 한계가 분명한데도 완벽을 추구한다는 것은 '불확실한 세상이지만 오류 없는 선택을 하겠다'는 것과 같아서, 애초부터 불가능한 도전이다.

완벽은 객관적이지 않은 주관적인 기준의 산물이다. 같은 사물을 놓고도 사람마다 완벽하다고 생각하는 기준이 다르므로, 인간 사회에서의 완벽은 존재하지 않는 환상일 뿐이다.

완벽주의는 초기에는 긍정적이고 자극적인 동기로 작용할 수 있다. 하지만 지나치게 완벽을 추구할 경우 오히려 해로운 결과를 초래하게 된다.

기준 자체가 높다 보니, 기준에 도달하지 못할 경우 스스로 비난하고, 끊임없는 자책감에 시달리게 된다.

완벽주의는 성과 지향적 사고와 맞닿아 있다. 과정에서의 성장과 경험을 무시하고 결과만 중시하다 보니, 작은 실패조차도 큰 좌절로 이어진다. 또한, 항상 성과가 기대에 미치지 못하다 보니 성취감을 느낄 수 없어, 도파민 결핍 상태를 유발한다.

완벽해지려고 노력할수록 실수할 가능성 또한 커지면서 스트레스 호르몬인 코르티솔을 분비하게 된다. 만성적인 스트레스로 이어질 경우, 도파민 결핍 상태와 맞물려 우울증을 유발한다.

또한, 완벽주의는 대인관계에서도 문제를 일으킬 수 있다. 자신에게 적용하는 높은 기준을 타인에게 적용하다 보면 갈등과 오해를 낳을 수밖에 없다. 사회적 고립감이 발생하면 신뢰의 호르몬인 옥시토신의 분비가 감소하며, 외로움과 불안감을 심화시킨다.

그렇다면 어떻게 해야 완벽주의에서 벗어날 수 있을까?

완벽주의에서 벗어나기 위해서는 스스로의 사고방식과 행동을 조율하고, 필요할 경우 주변 환경을 설계해야 한다. 여기서는 누구나 실천 가능한 여섯 가지 효과적인 전략을 소개한다.

하나, 기준을 '이 정도면 충분해'로 정하기

완벽을 추구하는 대신, 스스로 만족할 수 있는 만큼의 좋은 상태를 허용한다. 이 상태에서 끝냈을 때 얻는 이점과 완벽을 추구할 때 소모되는 비용과 시간을 비교 분석해본다.

애착 이론에서는 '좋은 엄마는 완벽하지 않아도 된다'는 개념을 사용한다. 이 개념은 소아과 의사였던 도널드 위니콧이 제시한 아이디어로, 완벽한 양육이 아이의 건강한 발달에 불필요하며, 오히려 해로울 수도 있다는 점을 강조하고 있다. 일이든, 양육이든, 역할이든 간에 이 정도면 충분하다는 선에서 더 이상 욕심 부리지 않고 멈춘다.

둘, 성장 지향적 사고 기르기

심리학자 캐롤 드웩의 연구에 따르면, 고정 사고방식 대신 성장 지향적 사고방식을 도입하면 실패나 불완전함을 성장의 일부로 받아들일 수 있다. 실패나 실수를 자책하는 대신 '학습의 기회'로 삼는다.

셋, 과정 중심으로 평가하기

결과보다는 과정을 중심으로 평가한다. 결과가 나쁘더라도 충분한 노력을 기울였으면 칭찬해주고, 작은 발전에도 의미를 부여한다.

넷, 마감 시간 정하기

특정 작업에 사용할 수 있는 시간을 미리 설정해둔다. 정해진 시간 안에 작업을 완료하는 연습을 하다 보면 완벽에 대한 강박이 줄어든다. 이는 시간관리 기술이기도 해서 작업 효율을 높이고 스트레스를 줄이는 데 유용하다.

다섯, 상대방의 기대 수준 낮추기

완벽주의는 흔히 외부의 기대나 환경적 압박에서 시작된다. 상대방의 기대를 100% 충족시키려 하지 말고, 80% 수준에서 멈추는 연습을 반복한다.

여섯, 작은 실패 경험하기

완벽주의는 실패에 대한 공포에서 비롯된다. 의도적으로 작은 실패를 경험한다. 예를 든다면 이메일을 작성할 때 작은 오탈자를 남긴다거나, 준비가 덜 된 상태에서 프레젠테이션을 진행해본다. 작은 실패를 경험하면 뇌는 점차 실패는 안전하다는 인식을 갖게 된다.

> "완벽을 추구하는 한, 마음의 평안은 결코 얻을 수 없으리라."
> - 레프 톨스토이

아이러니하게도 우리는 완벽주의에서 벗어날 때 비로소 완벽한 인간이 된다. '실수하니까 인간이다'라는 명제를 자연스럽게 받아들일 수 있는, 속 좁은 인간이 아니라 좀 더 아량 있는 인간으로서, 19세기 위대한 작가 중 한 명이었던 톨스토이의 명언처럼 비로소 마음의 평안을 얻게 된다.

23

불필요한 정보가
잡념을 부른다

철학자 폴 비릴리오는 '배를 발명하는 순간 침몰도 발명된다' 라고 썼다. 사용자 친화성에 대입하자면 상품과 서비스를 흥미롭고 편리하게 만드는 요소는 딴 짓을 유발할 수 있다. 많은 사람이 속수무책으로 딴짓에 빠지다 보니 딴짓을 하는 건 스스로도 어쩔 수 없다고 생각한다. 그러나 요즘 같은 시대에 딴짓을 다스릴 줄 모르면 뇌가 시간을 낭비시키는 주의 분산물에 휘둘릴 수밖에 없다.

– 니르 이얄, 《초집중》 중에서

당신은 잠들기 전 5분만 SNS를 확인하려다가 서너 시간을 날려버린 경험은 없는가?

대기업에 다니는 30대 중반의 D는 잠자리에서 습관처럼 스마트폰을 집어 들었다. 잠깐 머리를 식힌 뒤 잠들 요량이었는데, 우연히 일주일 전에 매수한 방산 관련업에 관한 기사를 발견했다. 무심코 읽어보니 부정적인 내용이었다. 평소에는 댓글을 즐겨보지 않는데, 왠지 마음이 불안해서 댓글을 읽어나갔다.

"이미 세 배나 올랐는데 더 오르길 바라면 도둑놈 심보지!"

"무섭다, 무서워! 거품이 꺼지면 어디까지 떨어질까?"

"고수님들! 휴전 협정이 코앞이라는데, 지금이라도 던지는 게 맞겠죠?"

불안해진 그는 증권사 어플리케이션을 켜고 주가를 확인하였다. 매수했을 때가 정점이었는지 일주일 사이에 10% 가까이 손실이 나 있었다.

'손절해야 되나?'

막상 매도하려니 생돈을 떼인 것 같은 기분이 들었다. 그렇다고 해서 계속 들고 가자니 더 떨어질 것만 같아서 불안했다.

잠을 청하려고 눈을 감았지만 잠도 오지 않았다. 그는 밤새 잡념에 시달리다가 깜빡 잠이 들었다. 다시 눈을 떴을 때는 날이 환히 밝아 있었다. 재빨리 시계를 보니 어느새 8시 30분이었다.

"지각이다! 오늘은 아침 회의도 있는데…."

그는 서둘러 어플리케이션으로 택시를 호출하고는 부랴부랴

옷을 걸쳐 입기 시작했다.

이스라엘 태생의 작가이자 강연가인 니르 이얄의 《초집중》은 현대 사회의 가장 큰 문제 중 하나인 주의 분산에 대한 심층적인 분석과 함께, 주의력을 되찾고 삶의 주도권을 확보하기 위한 실제적인 방법을 제시하고 있다.

2023년 방송통신위원회의 조사에 따르면, 한국인의 하루 평균 '스마트폰 / PC 이용 시간'은 약 5시간이다. 평균 수면 시간인 7시간을 제외하고, 활동 시간의 3분의 1가량을 디지털 기기로 사용하는 셈이다.

우리의 뇌는 한정된 자원을 가지고 정보 처리를 수행한다. 그러나 현대 사회는 각종 미디어에서 쏟아지는 뉴스, 인터넷 서핑, SNS 등으로 인한 정보 과잉 사회이다. 이러한 환경은 주의력을 분산시켜서 쉽게 잡념에 빠지게 한다.

인간의 단기적인 '작업 기억' 용량은 한번에 4~7개의 정보를 처리할 수 있는 수준이다. 따라서 과도한 정보가 쏟아져 들어오면 뇌는 과부하 상태에 놓이게 되고, 제대로 처리되지 못한 정보들은 머릿속에 파편처럼 남아서, 수시로 떠올라 잡념을 유발한다.

정보를 소비할 때마다 우리의 뇌는 상황에 따라 쾌락 호르몬인 도파민을 분비한다. 특히 SNS에서 '좋아요'나 새로운 알림은 보상 시스템을 자극하여, 더 많은 정보를 갈망하게 만든다. 이는 심리적 의존성으로 이어져 스스로 SNS를 중단할 수 없는 상태가 된다.

거기다 부정적이거나 자극적인 뉴스, SNS를 통한 상대적 박탈감이나 불안 등은 스트레스 호르몬인 코르티솔 분비를 촉진한다. 이렇게 형성된 부정적인 감정들은 휴식 상태에서 '디폴트 모드 네트워크'가 활성화될 때 잡념으로 이어진다.

인터넷 콘텐츠나 SNS의 영상자료는 화려하고 감각적이어서 뇌에 강렬한 자극을 준다. 뇌는 이러한 자극을 처리하고 저장할 때 잔상을 남겨서, 의도적으로 생각하지 않더라도 뇌 속에서 끊임없이 떠오른다. 이러한 잔상 또한 잡념의 형태로 나타난다.

과잉 정보는 우리의 관심과 주의를 여러 갈래로 분산시켜서 깊은 사고를 방해한다. 결국 뇌가 중요한 정보와 불필요한 정보를 선별하지 못하게 만들어서, 사소한 정보가 생각의 중심을 차지하게 되어, 잡념스런 인간으로 전락하게 된다.

잡념의 굴레에서 벗어나려면 의식적으로 불필요한 정보 노출을 줄여야 한다. 여기에 불필요한 정보를 차단하기 위한 여섯 가지 기술적인 방법을 소개한다.

★

하나, 특정 시간에만 사용하기

하루 중 특정 시간을 정해놓고 디지털 기기를 사용한다. 그 시간에만 뉴스를 확인하거나 SNS를 이용하거나 인터넷 서핑을 한다. 무작위적인 정보 탐색 습관을 줄이고, 필요할 때 필요한 정보만 선별적으로 습득하는 연습을 한다.

둘, 사용 시간 제한하기

잠들기 최소 1~2시간 전에는 스마트폰, 태블릿, 컴퓨터 등 디지털 기기 사용을 자제한다. 화면에서 나오는 블루라이트는 수면 호르몬인 멜라토닌 분비를 억제하여 수면의 질을 저하시키고 잡념을 유발한다. 사용 시간을 제한하면 도파민 회로의 반복적 활성화를 차단해, 뇌가 보상 체계에 대한 의존도를 낮추는 데 도움을 준다.

셋, 디지털 디톡스 시간 갖기

주말이나 특정 요일에는 디지털 기기 사용을 완전히 중단하는 디지털 디톡스 시간을 갖는다. 장시간 휴식을 취하면 뇌가 정보 과부하에서 벗어나 집중력을 되찾을 수 있다.

넷, 구독 해지하고 알림 끄기

관심이 덜한 주제나 불필요한 자극을 주는 계정은 구독을 해지한다. 구독중이지만 나중에 천천히 봐도 되는 계정은 알림을 끄고, 유익하고 긍정적인 정보를 제공하는 계정 위주로 정보를 섭취한다.

다섯, 비판적 사고하기

정보를 무비판적으로 수용하기보다는 정보의 출처, 신뢰성,

객관성 등을 따져보고 비판적으로 수용하는 연습을 한다.

여섯, 대체 활동 찾기

디지털 정보와는 다른 방식으로 정보를 취득한다. 독서를 하거나, 잡지나 종이 신문을 읽는다. 이러한 활동은 깊이 있는 사고를 유도하는 한편 수면에도 도움이 된다.

> "과도한 정보는 불확실성을 무시하게 만들고, 결국 잘못된 결정을 내리게 한다."
> - 워런 버핏

인간의 뇌는 진화 과정에서 생존에 필요한 정보를 얻기 위한 노력을 기울여 왔다. 그러다 보니 정보의 가치를 따지지 않고, 불필요한 정보까지 습관적으로 끌어 모으는 경향이 있다. 그러나 과잉 정보는 무수한 잡념을 불러와서, 워런 버핏의 말처럼 결국 잘못된 결정을 내리게 한다.

불필요한 정보는 잡념을 불러오는 원흉이다. 잡념에서 벗어나 뇌를 효율적으로 사용하고 싶다면, 불필요한 정보를 차단해야 한다.

"감정을 절제하는 것은 기쁜 마음에 재를 뿌리는 것이 아니다.
어떤 상황에서도 스스로를 통제하고 사려 깊게 행동하는 것이다."

_마티아스 뇔케

CHAPTER 3

불편한 감정으로부터 나를 지키는 법

24

감정을 이해하면
불안도 해소된다

> 감정 이해하기는 여행과도 같다. 모험이 될 수도 있다. 여정을 마칠 때쯤엔 예상하지 못했던 새로운 곳, 갈 생각조차 하지 않았던 어딘가에 도착해 있을 것이다. 그리고 전보다, 아니 우리의 바람보다 더 현명해질 것이다. 앞으로 나아가는 데 그 외의 다른 방법은 없다.
>
> – 마크 브래킷, 《감정의 발견》 중에서

엉뚱한 곳에서 화를 쏟아내고서는 후회했던 적이 있는가? 왜 우리는 화를 내야 할 때 화를 내지 못하고, 엉뚱한 곳에서 분풀이하는 걸까?

30대 후반의 워킹맘인 P는 주말 오후 모처럼 아이와 함께 퍼즐 맞추기 놀이를 했다. 아이가 자꾸만 맞지 않는 퍼즐 조각을 갖다 대자, 갑자기 짜증이 치밀어 올랐다.

"대체 몇 번을 틀리는 거야? 색깔이 틀리잖아!"

그녀가 버럭 고함을 지르자 아이가 울음을 터뜨렸다. 순간, 그녀는 '아차!' 했지만 이미 엎질러진 물이었다.

"엄마하고 안 놀아!"

아이는 벌떡 일어나서 방으로 뛰어 들어갔다.

거실에 혼자 남은 그녀는 '좋게 말할 수도 있었는데 내가 왜 화를 냈지?'라며 곰곰이 생각해보았다. 그녀는 요즘 회사에서 실적이 저조해서 초과 근무까지 하는 바람에 극심한 스트레스를 받고 있었다. 아무래도 스트레스가 엉뚱한 데서 표출된 듯했다.

예일대학교 감성지능센터장인 마크 브래킷의 《감정의 발견》은 감정을 이해하고 활용하는 방법에 대해 다루고 있다. 이 책은 감정의 지혜를 통해 개인의 성장과 변화를 이루고, 행복과 성공을 추구할 수 있는 방법을 제시하고 있다.

우리는 '동쪽에서 뺨 맞고 서쪽에서 화풀이 한다'는 말처럼 왜 엉뚱한 곳에 화풀이하는 걸까?

감정은 억압할 경우, 사라지지 않고 무의식 깊은 곳에 자리 잡는다. 억압된 감정은 직접적인 대상에게 표현하는 것이 두려울 때, 비교적 안전하거나 힘이 약하다고 느껴지는 대상에게 표출하는 경향이 있다. 심리학에서는 이를 '감정 전이'라고 하는데, 앞에서 사례로 든 P의 경우도 이에 해당한다.

뇌의 편도체는 감정, 특히 공포나 분노와 같은 강렬한 감정을 처리하는 중심 역할을 한다. 때로는 편도체가 논리적이고 합리적인 판단을 담당하는 전전두엽보다 빠르게 반응하기 때문에 '감정적 납치(Amygdala Hijack)'라고 불리는 현상이 발생한다. 이 때문에 본래 문제와는 무관한 상황에서 비논리적인 방식으로 감정을 터뜨리게 된다. 대표적인 사례로는 '운전 중 갑자기 끼어드는 차량에 격렬하게 화를 내는 경우'를 들 수 있다.

그렇다면 감정을 이해하는 것이 왜 중요할까?

감정은 단순히 기분이 아니라 우리가 환경을 어떻게 인식하고 있는지, 무엇을 중요하게 여기고 있는지를 알려주는 신호이다. 예를 들면 불안은 다가오는 위험을 경고하는 '알람' 역할을 하고, 분노는 자신의 경계가 침해받았다는 것을 말해준다. 감정을 억누르거나 무시할 경우, 우리는 중요한 경고나 중요한 메시지를 놓치게 된다.

감정을 이해하지 못하면 감정의 작용을 통제하거나 활용할 수 없다. 예를 들면 자신이 왜 불안을 느끼는지 모를 경우, 그 불안이 나의 행동을 통제하게 되어 회피, 과소비, 폭식 등으로 이어질 수 있다.

미국의 감정심리학자인 수잔 데이비드 박사는 저서 《정서적 민첩성)》에서 '정서적 민첩성'은 자신의 내면에서 일어나는 생각과 감정을 억압하거나 회피하는 대신, 그것들을 알아차리고 수용하며, 자신의 가치관에 따라 유연하게 반응하는 능력이라고 말한다. 이는 삶의 중요한 성장 기반이어서, 감정을 이해하지 못하면 자신과의 관계가 단절되고, 정체성의 혼란을 경험할 가능성이 크다는 것이다.

그렇다면 자신의 감정을 이해하기 위한 방법에는 어떤 것들이 있을까? 심리학과 뇌과학적 측면에서 입증된 네 가지 기술적인 방법을 소개한다.

하나, 감정 라벨링

감정에 이름을 붙이는 것은 감정을 이해하는 첫 번째 단계이다. 단순하게 '나는 화가 나'라고 이름 붙이지 말고, '내 가치가 존중받지 못하는 것 같아서 화가 나'라고 구체적으로 감정을 표현한다. 이는 편도체에서 활성화된 정서를 이성적으로 처리할 수 있는 전전두엽으로 이동시키는 과정이라 할 수 있다.

둘, ABC 기법 활용하기

인지행동 치료(CBT)에서는 감정을 이해하기 위해 ABC 다이어그램을 자주 활용한다. 하루 동안 느낀 감정을 상세히 기록한다.

A(Activating Event): 나에게 감정을 유발한 사건은 무엇인가?

B(Belief): 내가 이 사건에 대해 가지고 있는 생각이나 신념은 무엇인가?

C(Consequence): 그로 인해 나의 감정과 행동은 어떻게 나타났는가?

이러한 분석을 통하면 감정의 원인과 자신의 인식이 어떻게 연결이 되어 있는지를 파악할 수 있다. 이는 자기 인식과 관련된 뇌 영역을 활성화하는 효과가 있다.

셋, 정서적 거리두기

마치 영화감독이 되어서 자신을 주인공으로 관찰하듯, 자신의 감정과 일정한 거리를 두고 탐색한다. 나 자신과 감정을 동일시하는 대신 '내 안에 이런 감정이 있구나'라는 태도를 취하게 되면 통제력을 회복하는 데 도움 된다.

넷, 마음 챙김 명상하기

마음 챙김 명상을 할 때는 호흡에 집중하며, 현재의 감정을 판단하지 않고 관찰한다. '아, 내가 지금 화를 느끼고 있구나'라며 있는 그대로 바라보는 것만으로도 불안과 스트레스를 크게 감소시킬 수 있다. 마음 챙김 명상을 꾸준히 하면 감정을 나 자신과 분리해서 바라볼 수 있는 능력이 향상된다.

"감정적인 문제를 해결하는 근본은 불편한 감정의 진짜 원인을 파악하는 일이다."
- 알랭

자신의 감정을 이해하고 나면 프랑스의 철학자이자 수필가인 알랭의 명언처럼 불편한 감정의 진짜 원인을 파악할 수 있다.

그것은 불편한 감정을 해소하기 위한 첫걸음이요, 심플한 삶을 향한 위대한 도전이다.

25
견디는 것이 아니라
무너져가고 있는 중이다

지금부터 나는 '보편적인 취약성 무기'라는 이름으로 세 가지 갑옷 유형을 소개하겠다. 우리는 모두 자기만의 갑옷을 장착하고 있다. 그 갑옷 중 하나가 기쁨 차단하기, 즉 순간적인 기쁨을 억누르는 아이러니한 공포감이다. 다른 하나는 모든 일을 완벽하게 해내면 수치심을 느끼지 않으리라 생각하는 완벽주의이며, 마지막 갑옷은 고통과 불편을 없애준다면 뭐든 받아들이도록 자신을 마비시키는 것이다.
- 브레네 브라운, 《마음 가면》 중에서

당신은 솔직하게 감정을 표현하는 편인가? 혹시 불편한 감정을 드러내는 것이 두려워 자신만의 갑옷을 두르고 있지는 않는가?

30대 후반의 L은 10년 동안 사귀었던 남자 친구와 이별했다. 그동안 두 번의 짧은 이별이 있었지만 이번에는 진짜였다. 헤어지고 나서 얼마 뒤, 그가 미국 지사로 발령받아 떠났기 때문이었다.

친구들이 괜찮다고 물으면 그녀는 이렇게 대답하곤 했다.

"흥, 그까짓 이별! 흔하디흔한 게 남녀 간의 이별 아니겠어?"

그러나 그녀는 자주 남자 친구와의 추억을 떠올렸고, 어떤 날은 미치도록 보고 싶었다. 그녀는 슬픔, 분노, 외로움, 공허감 등을 느꼈지만 애써 억누른 채 업무에만 매달렸다.

그러던 어느 날, 대학 동창들과의 모임에서 다들 웃고 떠드는데 혼자 눈물을 흘리고 있는 자신을 발견했다. 약한 모습을 드러내는 것이 두려워 아무렇지 않은 척했지만 그녀는 견디는 것이 아니라 무너져가고 있는 중이었다. 마음 가장 깊숙한 곳에서부터 그녀는 서서히 허물어지고 있었다.

친구의 소개로 정신과 상담을 받았고, 우울증 진단을 받았다. 그녀는 약을 복용하면서 자신의 감정을 솔직하게 표현하는 연습을 병행하고 있다.

휴스턴대학교 사회복지대학원 연구교수이자 베스트셀러 작가인 브레네 브라운의 《마음 가면》은 취약성의 힘과 중요성을 심층적으로 탐구하고 있다. 그녀는 우리가 수치심, 두려움, 불안과 같은 감정 때문에 자신의 취약성을 숨기려 하고, 완벽주의라는 가면을 쓰려고 하는 경향이 있는데, 이러한 마음 가면은 우리를 진정한 연결로부터 단절시키고, 더욱 불행하게 만든다고 경고한다.

대다수 사람이 '부정적 감정을 드러내는 것을 약자의 행위'라고 생각하고, 감정 억제를 '강인함'이나 '절제력'이라고 착각하는 경향이 있다. 이러한 사고는 사회적 편견이나 문화적 습관에서 영향을 받는다. 예를 든다면 한국에서는 '남자는 눈물을 보이면 안 된다'는 인식 때문에 슬픈 감정을 억누르는 경우가 허다하다.

또한 불편한 감정을 드러내면 갈등이 발생하거나 관계를 손상시킬지도 모른다는 두려움 때문에 감정을 자제한다. 상사에게 불만을 드러내지 않고, 친구에게 화나는 일이 있어도 참는 까닭은 바로 이 때문이다.

자기 비판적 사고를 지닌 사람들은 자신이 느끼는 불편한 감정을 '정당하지 않다'고 생각하는 경향이 있다. 이런 유형의 사람들은 불편한 감정을 억누르며 스스로 감정을 과소평가해서 나중에 큰 문제로 발전하기도 한다.

불편한 감정을 장기간 억누르는 것은 마치 거대한 물길을 막기 위해 댐을 쌓는 것과 같다. 당장은 괜찮아 보여도, 결국 댐이 무너지면 큰 피해가 발생하듯, 언젠가는 부정적인 결과가 예상치 못한 방식으로 나타날 수 있다.

억눌린 감정은 사라지는 것이 아니라 무의식 속에서 축적된다. 이는 결국 '감정 폭발'로 이어질 수 있으며, 그 과정에서 과격한 반응이나 관계의 단절을 불러올 위험이 있다.

감정을 억누르는 과정에서 처리되지 못한 감정은 뇌의 변연계, 특히 편도체를 계속 자극하여 불안장애나 우울증과 연결될 수 있다. 또한 억제된 감정은 자신에 대한 부정적인 사고 패턴을 강화시킨다.

감정을 억누르면 스트레스 호르몬인 코르티솔이 지속적으로 분비되어 면역 체계가 약화되고, 심혈관계 질환, 고혈압, 만성 염증 등의 신체적 질환으로 이어질 수 있다. 또한 두통, 소화 문제, 근육 긴장 등이 나타날 수 있다.

뇌과학자들의 연구에 따르면 감정을 지속적으로 억누르면, 전전두엽 피질과 편도체의 연결이 감소하여, 감정조절 능력을 점점 더 약화시키는 악순환이 발생한다. 예를 들면 작은 자극에도 쉽게 감정이 격해지거나, 감정 변화에 대한 인지능력 저하 등이 대표적이다. 충동 조절 능력이 떨어지면 알코올 중독이나 폭식증을 일으키기도 한다.

불편한 감정은 억제하기보다는 표출해야 한다. 여기서 소개하는 네 가지 기술적인 방법을 익히면 건강하게 감정을 표출할 수 있다.

★

하나, 비폭력 대화하기

불편한 감정을 드러낼 때, 상대방에게 공격적이거나 방어적인 태도를 취하지 않고 나의 입장을 솔직하면서도 공감적으로 전달한다. 예를 들면 "넌 왜 항상 이래?"가 아니라, "네가 그렇게 말했을 때, 나는 존중받지 못한다고 느꼈어"처럼 형식화된 소통 방법을 활용한다.

둘, 감정 일기 쓰기

글쓰기는 억눌린 감정을 해소하는 매우 효과적인 방법이다. 감정의 원인, 당시 생각, 신체 반응, 감정의 변화 과정 등에 대해 솔직하게 정리해두면 자기 자신을 객관적으로 바라볼 수 있다. 심리학자들의 연구에 따르면, 글로 감정을 표현하는 행동은 스트레스 반응을 완화하고 심리적 안정감을 제공한다.

셋, 예술로 표현하기

미술, 음악, 춤 등 예술적 활동을 활용해 감정을 표현한다. 뇌 과학자들의 연구에 따르면, 예술적 활동을 통해 억눌린 감정을 표현하면 편도체의 과잉 반응이 줄어들고 긍정적인 감정 체계가 활성화된다.

넷, 심리 치료 받기

　때로는 억눌린 감정을 해소하고 표현하는 데 전문가의 도움이 필요할 수 있다. 억눌린 감정이 만성인 경우 인지행동 치료, 정신역동 치료, 혹은 수용전념 치료(ACT) 등의 치료 방식이 효과적이다.

> "감정은 지혜를 얻는 데만 필요한 것이 아니다. 감정을 씨실과 날실로 짜서 엮으면 결정이라는 천이 만들어진다."
> - 안토니오 다마지오

　인간은 감정의 동물이다. 감정을 억제하면 다양한 질병을 불러올 수도 있다. 감정을 표현하고 드러내되, 꾸준한 연습을 통해 현명하게 드러내야 한다. 뇌과학자 안토니오 다마지오는 감정과 이성의 통합을 강조하는데, 그의 명언처럼 감정을 잘 활용하면 현명한 결정을 내리는 데도 도움 된다. 이때의 '결정'은 단순히 이성적인 판단을 넘어 감정적인 가치 판단까지 포함하는 넓은 의미이다.

　감정은 우리에게 중요한 정보를 제공하고, 가치 판단의 기준이 되며, 행동의 동기가 되기도 한다. 심플한 삶을 살기 위해서는 자신의 감정에 좀 더 충실해질 필요가 있다.

26

화를 내면 네가 아프고, 화를 참으면 내가 아프다

> 분노한 자신의 나약함을 보려는 사람은 없다. 하지만 나 자신은 나의 나약함을 봐야 하며, '지금 내가 무엇을 해야 더 좋아질지' 생각하고 결심해야 한다. 이것이 바로 자기 사랑의 진리다. 누가 옳고 그른지보다 나의 기분과 감정, 그리고 내가 더 편안해지는 방법이 더 중요하다. 분노를 해결하는 가장 좋은 방식은 나의 나약함을 해결하는 것이다.
> – 충페이충, 《심리학이 분노에 답하다》 중에서

당신은 화를 참는 편인가, 표출하는 편인가? 화를 참으려니 속상하고, 화를 내려니 상대방이 슬퍼할까 봐 갈등했던 적은 없는가?

맞벌이 부부인 S는 남편에게 불만이 점점 쌓여갔다. 똑같이 직장에 다니는데, 남편은 집안일도 도와주지 않았고, 아이와도 잘 놀아주지 않았다.

제약 회사 영업 사원인 남편은 평일에는 술에 만취해서 밤늦게 들어왔고, 주말에도 골프를 치러 나갔다. 가끔 집에 있는 날은 온종일 잠만 잤다.

화가 치밀 때마다, 얼마나 피곤하면 저럴까 싶어서 묵묵히 참고 넘어갔다. 그러나 분노는 사라지지 않고, 무의식 깊은 곳에서 점점 쌓여 갔다. 하루는 아이의 형편없는 성적표를 보자, 자신의 희생이 물거품이 된 기분이 들었다. 화가 난 그녀는 참았던 분노를 쏟아냈다.

"애는 나만 키워? 당신은 우리 집 식구 아냐? 왜 이렇게 교육에 무신경해? 진짜 해도 너무하네!"

한바탕 정신없이 퍼붓고 나니 속은 후련했지만 잠시뿐이었다. 잔뜩 풀이 죽어서 죄인처럼 고개를 푹 숙이고 있는 남편을 보자 뒤늦게 후회가 밀려왔다.

'참는 김에 좀 더 참을 걸 그랬나.'

그녀는 남편에게 사과할까 하다가, 언젠가 한 번은 짚고 넘어가야 할 문제였다는 생각이 들어서 침묵을 지켰다.

둘 사이에 냉전이 시작되었다. 그러나 남편은 조금도 변한 게 없었다. 그녀는 남편이 괘씸해서 아예 없는 사람 취급했지만 마음 한편으로는 '너무 심한 말을 내뱉었어!'라는 죄책감이 들기도 했고, 남편과의 사이가 벌어질까 봐 불안하기도 했다.

중국의 심리상담사이자 강사인 충페이충의 《심리학이 분노에 답하다》는 분노라는 감정을 이해하고 건강하게 다스리도록 돕는 책이다. 우리는 일상생활에서 다양한 이유로 분노를 느끼지만, 정작 분노의 이면에 숨겨진 진짜 감정이나 원인에 대해서는 깊이 생각하지 못하는 경우가 허다하다. 분노는 나쁜 감정이 아니라, 우리에게 중요한 메시지를 전달하는 신호이며, 제대로 이해하고 다루면 삶의 에너지로 전환될 수 있다고 강조한다.

그렇다면 화를 내면 왜 상대방이 아픈 걸까?

화는 본능적으로 '공격'의 신호로 여겨질 수 있다. 당신이 화를 내면 상대방은 이를 심리적, 정서적 위협으로 느끼게 된다.

위협을 감지하는 편도체가 활성화되면 스트레스 호르몬인 코르티솔의 분비가 급격히 증가한다. 심리적으로 불안해지면서, 방어적 태도나 감정적 긴장 상태를 유발한다.

분노의 대상이 되면 사회적 연결을 담당하는 뇌의 복내측 전전두피질 활동을 억제한다. 이로 인해 상대방은 당신과의 관계에서 불안감을 느끼게 되며, 이는 정신적 고통으로 이어져서 관계의 균열을 초래할 수 있다.

화는 전염 효과가 매우 강력한 감정이어서, 주변 사람들에게 감정적인 전염을 일으킬 수 있다. 상대방도 금세 긴장하고, 화가 날 수밖에 없는 상황에 처하게 된다.

그렇다고 해서 화를 참게 되면 내가 아프다. 화는 억누른다고 해서 사라지지 않는다. 억눌린 화는 자신을 향한 내면적 공격으로 전환되거나 신체적·정신적 증상으로 나타날 수 있다.

뇌과학적으로 볼 때, 분노를 억제하는 과정에서 이성적 사고를 담당하는 전전두피질이 과도하게 활동하며 에너지를 소모한다. 이는 결정장애, 집중력 저하 등으로 이어진다. 또한 억압된 감정은 감정의 영역인 변연계, 특히 편도체를 지속적으로 활성화시켜 만성 스트레스 상태를 유발할 수 있다.

화를 참으면 억울함, 분노감, 무력감을 느끼게 된다. 이런 억눌린 감정은 자존감 하락과 우울증의 원인이 된다. 연구에 따르면, 감정 억제로 인해 급성 및 만성적으로 심혈관 위험이 증가할 수 있으며, 지속적인 압박감은 고혈압, 심장병, 소화불량, 근육 긴장 등으로 이어질 수 있다.

화는 '나쁜 감정'이 아니다. 현명하게 화를 표출하는 기술을 익히게 되면 우리는 분노의 부정적인 영향에서 벗어나 심플한 삶을 살아갈 수 있다. 분노할 일이 생기면, 현명하게 분노를 표출하는 다섯 가지 방법을 사용해보길 권한다.

★

하나, 6초 법칙 활용하기

뇌과학 연구에 따르면 분노의 생물학적 반응은 약 6초간 지속된다. 6초 동안 행동을 지연시키면 전전두피질이 다시 활성화되어 이성적 판단이 가능해진다. 6초 동안 길게 심호흡하거나, 손목의 맥박을 6초간 느껴본다거나, 물을 한 잔 마신다거나, 숫자를 10부터 천천히 거꾸로 세어본다.

둘, 비폭력 대화 기술 사용하기

마셜 B. 로젠버그가 개발한 이 방법은 화를 건강하게 표출하는 데 유용하다. 모두 4단계다.

관찰: 감정이 들게 한 특정 상황을 사실대로 묘사한다. (예시: "당신이 나와의 약속 시간을 어겼을 때")

감정 표현: 상황이 나에게 준 감정을 설명한다. (예시: "나는 화가 났어요.")

필요 제시: 내게 필요한 욕구를 명확히 표현한다. (예시: "나는 존중받고 싶어요.")

구체적인 요청: 상대방에게 필요한 행동을 요청한다. (예시: "다음번에는 약속 시간을 잘 지켜주었으면 좋겠어요.")

셋, 잠시 거리두기

화가 나면 상대방과 잠시 거리를 둔다. 다른 장소로 이동하거나, 잠시 산책을 하면 편도체에서 벌어지는 감정적 과잉 반응을 가라앉히고, 전전두엽에서 문제를 이성적으로 검토할 시간을 제공할 수 있다.

넷, 창의적으로 발산하기

특정 상황에서 화를 표출할 수 없다면 감정을 건설적으로 발산하는 방법을 찾아본다.

달리기나 수영 같은 강도 높은 운동은 화를 해소하는 데 매우 효과적이다. 그림 그리기나 글쓰기, 음악 연주 등으로 억압된 감정을 표현할 수도 있다. 자신의 감정을 적어보거나, 분노의 편지를 쓴 뒤 불에 태우기 등도 화를 창의적으로 해소할 수 있는 방법이다.

다섯, 유머 활용하기

화는 긴장된 상황을 낳는다. 유머는 긴장을 완화하고, 나 자신과 상대방을 돕는 좋은 전략이다. 유머는 뇌의 보상 중심부인 도파민 시스템을 자극하여 긍정적인 심리 상태를 만든다.

> "모욕을 받았다고 해서 이내 발끈하는 인간은 강도 아닌 조그마한 웅덩이에 불과하다."
>
> - 레프 톨스토이

화는 우리 내면의 경계와 욕구를 지키는 파수꾼이다. 순간적으로 화가 난다고 해서 발끈할 경우 톨스토이의 명언처럼 인내심도 부족하고 치졸한 인간으로 전락한다.

현명하게 화를 내는 사람은 화를 부정하거나 억누르는 것이 아니라, 타인과의 관계를 해치지 않고 상대방의 감정을 자극하지 않으면서, 나의 불만과 욕구를 효과적으로 전달한다.

 불편한 감정이 해소되면 잡념이 사라져, 내가 원하는 삶에 온전히 집중하는 심플한 삶을 살 수 있다.

27
배신은
예정된 손님이다

> *자신의 불행에 대해 자기 자신, 그리고 다른 사람들을 비난하면 할수록 우리는 점점 더 무력해진다. 희생자로 바뀌는 것이다. 우리의 자유 의지, 선택의 축복, 배울 수 있는 기회를 포기하는 것이다.*
>
> – 이브 A. 우드, 《심리학, 배신의 상처를 위로하다》 중에서

예상치 못한 배신을 경험했을 때, 당신은 어떤 감정에 휩싸였는가? 스스로를 자책하며 괴로워했는가, 아니면 믿음을 저버린 상대방에 대한 분노로 밤잠을 설쳤는가?

대기업에 다니는 30대 후반의 Y는 고등학교 친구와 함께 창

업을 결심하고 동시에 퇴사했다. 기술적인 부분은 프로그래머인 그가 맡았고, 자금관리와 투자 유치는 친구가 맡았다. 두 사람은 의욕을 갖고 일했지만 계획처럼 잘 풀리지 않았다.

프로그램이나 기술적인 부분은 완벽했지만 문제는 자금이었다. 투자 유치가 원활하게 진행되지 않아서, 다음을 기약하기로 하고 사업을 중단했다.

그는 재취업해서 직장을 다니던 중 우연찮게 자신들이 기획했던 사업과 똑같은 사업을 인터넷에서 발견했다. 자세히 알아보니 친구의 농간이었다. 그가 만든 프로그램을 살짝 변경한 뒤 투자자를 유치해, 동업 형식으로 사업을 벌인 것이었다.

'어떻게 나한테 이럴 수 있지?'

그는 엄청난 배신감에 휩싸였다. 분노한 그는 친구를 만나 하나하나 따지고 난 뒤, 타협을 시도했다. 그러나 친구는 변명으로 일관하면서 타협을 일절 거부했다.

화가 머리끝까지 치민 그는 민형사소송을 걸었다. 그러나 친구도 빠져나갈 준비를 완벽하게 해놓아서, 소송에서 패하고 말았다. 아무 이득도 없이 시간과 변호사 비용만 날리고 나니 절망감, 무력감, 사회에 대한 불신 등이 물밀듯이 밀려들었다.

친구와의 우정은 물론이고, 자신의 오랜 꿈이 산산조각났다고 생각하자 맨정신을 유지하기 힘들 지경이었다.

아침에 눈을 뜨면 해일처럼 밀려드는 분노와 슬픔으로 인해 정상적인 생활을 할 수 없었다. 그는 직장마저 그만두었고, 매일 배신감에 몸부림치면서 힘겨운 날들을 보내고 있다.

20년 가까이 3만 시간이 넘는 상담 및 치료 경험을 가진 미국의 정신과 전문의인 이브 A. 우드 박사의 《심리학, 배신의 상처를 위로하다》는 연인, 배우자, 친구, 가족 등 가까운 사람의 배신으로 깊은 상처를 입은 사람들을 위한 심리 치유서이다. 저자는 배신이 단순히 고통스러운 경험으로 끝나는 것이 아니라, 자신을 돌아보고 더욱 행복한 삶으로 나아갈 수 있는 '선물'이 될 수 있음을 강조한다.

배신은 어느 날 문득, 유성처럼 하늘에서 뚝 떨어지지 않는다. 기쁨이 있으니 슬픔이 있고, 행복이 있으니 불행이 있듯, 신뢰가 있으니 배신이 있는 것이다. 즉 신뢰의 문을 여는 순간, 배신의 문도 동시에 열린다.

철학적으로 살펴본다면 인간은 선과 악, 이타심과 이기심 등 다양한 양면성을 지닌 불완전한 존재이다. 신뢰는 인간의 긍정적인 측면에 대한 믿음이지만 세상은 변화하므로 배신의 가능성 또한 늘 존재한다. 인간은 천사와 악마의 얼굴을 동시에 가진 존재이다. 신뢰를 약속하지만, 때로는 자신의 이익을 위해 언제든지 가면을 벗을 수 있다.

심리학에서는 배신을 신뢰를 기반으로 하지만 신뢰가 항상 완전하지 않기 때문에 생기는, 인간관계의 본질적인 불확실성으로 해석한다.

 인간은 서로 다른 가치관, 이해관계, 심리적 상태를 가지기 때문에 언제든 충돌이나 변화가 발생할 수 있다. 의도적 배신이든, 비의도적 배신이든 간에 관계의 다층적 복잡성 속에서 배신은 반복적으로 등장할 수밖에 없다.

 다른 사람에게 가졌던 기대나 이상화된 신념, 또는 관계 자체에 대한 비현실적인 낭만은 신뢰라는 깨지기 쉬운 환상을 만든다. 배신은 종종 그 환상을 벗겨내는 역할을 해서, 기대가 실망으로 전환되는 순간과 마주하는 것이다.

 배신감은 사랑과 신뢰가 깨졌을 때 느끼는 강력하고 복합적인 감정이다. 슬픔, 분노, 공포, 절망, 무력감, 혼란, 상실감 등이 혼재되어 있다.

 배신은 단순히 정신적인 충격을 넘어, 신체적인 스트레스 반응을 유발한다. 심리적 스트레스로 간주되어 뇌가 위협을 감지하면, 시상하부-뇌하수체-부신(HPA) 축이 활성화된다. 스트레스 호르몬인 코르티솔이 분비되며 심박수가 증가하고, 면역력이 떨어진다.

 감정적 위협으로 간주되기 때문에 감정 처리의 중심이라고 할 수 있는 편도체가 과도하게 활성화되면서 분노, 슬픔, 공포와 같은 감정을 증폭시킨다.

 커다란 배신감을 느낄 경우 갑작스러운 탈진이나 무기력증이 찾아온다. 이는 '미주신경 반응(dorsal vagal response)'으로 생존 본능의 하나인 '회피 모드'의 일종으로 해석한다.

연구에 따르면, 배신으로 인한 심리적 아픔은 신체적 고통을 처리하는 뇌 영역인 대상피질 전부-뇌의 전방에 위치한 중요한 영역으로, 고차원적인 인지 기능뿐만 아니라 감정 처리, 특히 사회적 고통과 신체적 통증을 통합적으로 처리하는 데 핵심적인 역할을 하는 부위-와 통증 처리 네트워크에서 해석한다.

즉, 배신은 뇌가 실제 물리적 고통을 느낄 때와 유사한 방식으로 처리된다. 따라서 "가슴이 찢어질 듯 아프다", "속이 쓰리다" 하는 표현은 단순한 은유가 아니라, 실제로 우리의 뇌가 경험하는 감정적 신호이다.

그렇다면 배신을 당했을 때 어떻게 대처해야 할까? 불편한 감정을 슬기롭게 해소하는 다섯 가지 기술적인 방법을 소개한다.

하나, 감정적 거리두기

배신감을 느꼈을 때 즉각적으로 슬픔이나 분노를 표출하기보다는 잠시 있는 그대로 받아들이고 관찰하며, 감정과 거리를 두기 위해 노력한다. 길게 심호흡하며 호흡에 집중하는 명상을 해도 도움이 된다.

심리학자 대니얼 카너먼의 '이중 과정 이론(Dual Process Theory)'은 인간의 사고와 의사결정 과정이 두 가지 서로 다른 시스템에 의해 이루어진다는 심리학 이론인데, 이에 따르면 과열된 상태에서 벗어나는 것이 이성적 사고를 작동시키는 데 중요한 기제가 된다.

둘, 신뢰 재조정하기

배신의 원인과 결과를 논리적으로 정리하며, 삶의 과정이자 교훈으로 받아들인다.

"내가 왜 그 사람에게 그렇게 높은 기대를 갖게 되었을까?"

"그 사람에게는 내가 알지 못한 어떤 약점이 있었을까?"

"그 사람의 행동은 그의 문제일 수도 있지 않을까?"

인지행동 치료의 핵심 원칙 중 하나인 '인지 재구성'은 우리의 생각 패턴을 건강한 방식으로 바꾸도록 돕는다.

셋, 감정 공유하기

신뢰할 수 있는 친구나 가족, 심리 치료사와 대화하며 자신의 감정을 나눈다. 때로는 말로 표현하기 힘들 경우 글쓰기나 그림 등을 활용한다.

사회적 지지는 스트레스 감소에 결정적 역할을 한다. 특히, 공감을 경험할 때 우리는 고통의 무게를 나누는 느낌을 받는다.

넷, 통제에 대한 환상 깨기

'내가 좀 더 잘했어야 하는데'라고 자책하기보다 '인간관계에는 예측 불가능한 영역이 있다'라는 사실을 인정하고 받아들인다.

인간은 모든 것을 통제할 수 있다는 '통제 환상'을 갖고 있다. 이를 깨고 나면 불확실성 수용 능력이 강화돼 개인적으로 성장하게 된다.

다섯, 경험 성찰하기

과거의 배신 경험과 현재의 배신 경험을 중첩해서 분석하며, 배신의 패턴을 찾는다. 쉬운 예로 '지나친 의존', '근거 없는 믿음' 등을 들 수 있다.

'애착 이론'은 영유아기에 주 양육자와 형성하는 정서적 유대, 즉 애착관계의 질이 이후 개인의 사회성, 정서 발달, 그리고 성인기의 대인관계 패턴에 지대한 영향을 미친다는 심리학 이론인데, 초창기에 형성된 애착 스타일이 성인기의 관계에서 유사한 문제를 반복할 가능성을 높인다고 한다.

> "배신은 그것을 행하는 자보다 당하는 자를 더욱 강하게 만든다."
> - 빅토르 위고

배신은 불쑥 나타나서 불청객 같지만 신뢰와 동시에 초대장이 발부된 예정된 손님이다. 19세기 프랑스 낭만주의 문학의 거장인 빅토르 위고의 말처럼 배신은 고통스럽지만 자신과 인간관계를 재평가하는 기회가 될 수 있다.

  실제로 많은 사람은 배신을 통해 자신의 약점을 발견하고, 인간관계에 대한 새로운 기준을 마련하여, 더 강하고 성숙하게 거듭났다. 현재의 아픔이 깊을지라도, 불행의 역사가 그렇듯이 잘 극복해낸다면, 남은 인생을 위한 단단한 삶의 밑거름이 된다.

28

불편한 대화 중에도
나를 지키며 소통하는 법

> 공감이란 다른 사람이 경험하는 것을 존중하는 마음으로 이해하는 것이다. 그러나 우리는 공감을 하는 대신에 자신의 견해나 느낌을 설명하거나, 조언을 하거나, 상대를 안심시키고 싶은 충동을 강하게 느낀다. 그러나 공감은 우리에게 마음을 비우고, 다른 사람의 말에 귀를 기울일 것을 요구한다.
> – 마셜 B. 로젠버그, 《비폭력대화》 중에서

혹시 불편한 대화 때문에 마음이 답답했던 적은 없는가? 우리는 왜 솔직하게 소통하면 되는데 대화를 망설이거나 기피하는 걸까?

30대 후반의 K는 안드로이드 앱 개발 분야에서 10년 넘게 일해온 베테랑이다. 그는 소규모 벤처 회사를 전전하다가 6개월 전에 중견 회사에 입사했다. 입사하자마자 팀장은 전 직원이 개발하다가 중단한 앱을 완성해보라고 했다.

같은 개발팀에 30대 초반의 박 대리가 틈날 때마다 다가와서는 코드를 리뷰하며 "이 로직은 많은 사람이 동시에 접속하면 시스템이 충돌할 수 있어요"라고 조언했다. 하지만 그는 박 대리와의 대화가 불편했다. 모바일 앱 개발 분야에서 나름대로 잔뼈가 굵다고 생각하는데, 한참 후배가 조언해주겠다고 하니 자신을 무시하는 것만 같아서 기분이 나빴다.

'나도 그 정도는 알아! 인생 경험은 물론이고, 경력자로서의 경험도 너보다 훨씬 풍부하고.'

그는 박 대리의 말을 건성으로 들으며 흘려보냈다.

마침내 앱을 완성했고, 사장 이하 팀장을 비롯해서 전 직원들이 보는 앞에서 시연을 했다. 그런데 앱의 사용자 인증 부분에서 예상치 못한 버그가 발생했고, 시연 중 갑자기 앱이 종료되며 흰 화면이 나타났다.

"어? 왜 그러지? 테스트할 때는 잘됐는데…."

문득, 박 대리가 사용자 인증 로직의 취약점을 지적하며, 데이터베이스 구조를 변경해야 한다고 했던 말이 떠올랐다.

박 대리는 버그가 발생하자 자리에서 벌떡 일어나며 화를 내

듯 말했다.

"제가 예상했던 대로예요! 사용자 인증 로직이 동시 접속을 처리 못 하고 있어요."

뒤늦게 그는 정신이 번쩍 들었다. 스타트업에서는 혼자 모든 것을 해결하려는 문화가 강하지만, 중견기업에서는 협업과 코드 리뷰가 필수였다. 박 대리의 조언을 듣지 않은 것이 후회스러웠다.

"다시 만들어보겠습니다."

그는 얼굴이 벌겋게 달아올라서 사장에게 말했다. 사장은 몹시 실망했는지 아무런 대꾸도 하지 않고 돌아섰다.

미국의 심리학자이자 교육자인 마셜 B. 로젠버그의 《비폭력 대화》는 핵심적인 의사소통 방법인 비폭력 대화(NVC)의 이론과 실제 적용 방법을 상세하게 설명한다. 로젠버그 박사는 우리가 흔히 사용하는 언어 방식이 어떻게 폭력을 조장하고 갈등을 심화시키는지 분석하는 한편 관찰, 느낌, 욕구, 부탁이라는 네 가지 핵심 요소를 중심으로 하는 새로운 대화 방식을 제시하고 있다.

인간은 본능적으로 관계를 맺고 유지하며, 서로 협력해야 생존하고 발전할 수 있는 존재이다. 그러나 저마다 다른 가치관을 갖고 살아가다 보니, 불편한 대화는 피하고 싶은 것이 자연스러운 반응이다.

그러나 중요한 대화를 회피하게 되면, 단기적으로는 감정적 불편함을 덜 수 있지만 오해가 깊어지고 갈등이 커져서, 장기적으로는 관계를 약화시킨다.

불편한 대화는 우리가 피하고 싶어 하지만, 이를 통해 문제를 해결할 경우 뇌에서는 옥시토신이라는 신뢰 호르몬이 분비된다. 이 호르몬은 우리에게 안정감과 만족감을 가져다준다.

갈등 상황에서는 감정을 담당하는 편도체가 과도하게 활성화된다. 불편한 대화를 피하게 되면 단기적인 스트레스는 줄어들어도, 뇌에서는 '미완의 숙제'로 남아서 지속적인 불안과 만성적인 스트레스의 원인이 된다.

다소 불편하더라도 대화를 통해 문제를 해결하면 전두엽이 활성화되어 문제해결 능력과 감정 조절력이 강화된다.

불편한 대화는 종종 싫은 소리나 경계를 설정해야 할 때 발생한다. 자신의 신념을 명확히 전달하지 못하거나 적절한 경계를 설정하지 않으면, 우리는 계속해서 타인의 요구에 희생될 수밖에 없다.

그렇다면 불편한 대화 중에서도 감정에 휘둘리지 않고 자신을 보호하면서 효과적으로 소통하기 위해서는 어떻게 해야 할까? 불편한 대화 중에서도 나를 지키며 소통하는 기술적 방법에는 다섯 가지가 있다.

하나, 4-7-8 호흡하기

길게 심호흡하기는 강력한 감정 조절 기법이다. 불편한 대화를 시작하기 전에 길게 3회 동안 심호흡을 한다. 4초 동안 숨을 들이쉬고, 7초 동안 유지한 후, 8초 동안 천천히 내쉬는 '4-7-8 호흡법'을 세 번 반복하면 마음이 평온해진다. 이는 과도하게 활성화된 편도체를 진정시키고, 스트레스 호르몬의 분비를 늦추는 효과가 있다.

둘, 적극적으로 경청하기

상대방의 말을 끊지 않고 눈 맞춤, 고개 끄덕이기, 공감 표현하기 등을 통해서 상대방에게 경청 중이라는 메시지를 보낸다. 상대방의 말이 끝나면 불필요한 오해를 방지하고 내가 정확히 이해하고 있음을 확인시켜주기 위해 간략히 요약해서 말한 뒤, "방금 말씀하신 게 이런 뜻이죠?"라고 되묻는다.

적극적인 경청은 충분히 이해받고 있다는 느낌을 주게 되어, 상대방의 방어적 태도가 완화된다. 뇌에서는 옥시토신 분비를 촉진해서 대화로 인한 긴장 또한 완화시킨다.

셋, '나는'이라는 1인칭 대명사 사용하기

'너는'이나 '당신은'이라는 2인칭 대명사는 '비난형'이다. "너는 왜 날 항상 무시해?"라고 말하지 말고, "나는 네가 내 의견을 무시한다고 느낄 때면 몹시 섭섭하더라"라고 말한다.

2인칭 대명사는 대화의 긴장을 높이고, 즉각적인 방어 반응을 유발한다. 반면 1인칭 대명사는 자신에 대한 공격이 아니므로 상대방으로 하여금 차분히 생각할 수 있는 안정감을 준다. 1인칭 대명사를 사용해 대화할 때는, 간결하게 감정적인 판단이나 추측보다는 객관적인 사실을 바탕으로 말하고, 자신의 의견임을 명확히 밝힌다.

비판하거나 비난하면 상대방의 편도체는 '위험' 신호로 받아들여 즉각적인 방어 체제에 들어간다. 1인칭 대명사를 사용하면 좀 더 유연하게 대화를 이어나갈 수 있다.

넷, 경계를 명확히 하기

경계는 건강한 인간관계를 위해 필수적이다. 명확한 경계는 자존감을 보호하면서 상대방과의 관계를 악화시키지 않도록 도움을 준다.

"내가 할 수 있는 건 여기까지야. 나머지는 네가 책임져야 할 몫이야."

상사가 무리한 업무를 요구할 때도 무조건 "YES!"만 외칠 경우 업무는 점점 과다해진다. 경계를 그을 필요가 있다.

"제가 이 프로젝트를 끝내는 데는 시간이 조금 더 필요합니다. 최선을 다하겠지만, 현실적으로 가능한 마감 일자를 조정해야 할 것 같습니다."

물러서는 것만이 능사는 아니다. 자신을 희생하며 지나치게 상대방을 배려하기보다는 경계를 명확히 하는 편이 서로에게 유익하다.

다섯, 타임아웃 활용하기

서로 감정이 격앙되어 대화가 격렬해지면 더 이상의 대화는 무의미하다. 잠시 '타임아웃'을 선언하고, 마음을 진정시킬 시간을 가질 필요가 있다.

"우리가 지금 너무 흥분한 것 같아. 10분만 쉬었다가 다시 이야기하자."

편도체가 진정되고, 전전두엽이 활성화되어야 논리적인 생각이 가능해서, 대화를 효과적으로 이어나갈 수 있다.

> "대화는 당신이 배울 수 있는 기술이다. 그건 자전거 타는 법을 배우거나 타이핑을 배우는 것과 같다. 당신이 연습하려는 의지가 있다면, 당신은 삶의 모든 부분의 질을 급격하게 향상시킬 수 있다."
>
> – 브라이언 트레이시

불편한 대화는 누구도 원하지 않는다. 그렇다고 해서 피하게 되면 중요한 것을 놓칠 수 있다. 불편한 대화 중에서도 나를 지키며 소통하는 법을 익힌다면 베스트셀러 작가이자 동기부여

연설가인 트레이시의 명언처럼 삶의 질을 향상시킬 수 있다.

진정한 소통은 편안함이 아닌 불편함을 견디는 용기에서 시작된다.

29

타인의 비판이나 비난에 대처하는 자세

> 철학자: 단적으로 말해 "자유란 타인에게 미움을 받는 것"일세.
> 청년: 네? 무슨 말씀이신지?
> 철학자: 자네가 누군가에게 미움을 받는 것. 그것은 자네가 자유롭게 살고 있다는 증거이자 스스로의 방침에 따라 살고 있다는 증표일세.
> - 기시미 이치로·고가 후미타케, 《미움받을 용기》 중에서

당신도 한 번쯤은 예상치 못한 비판이나 날카로운 비난을 받고 당황하거나 불쾌했던 경험이 있으리라. 그때 당신은 어떻게 대처했는가?

40대 초반의 M은 서울 중심지에서 커피숍을 운영하고 있다. 하루는 여대생으로 짐작되는 20대 초반의 손님으로부터 컴플레인이 들어왔다.

"커피가 신맛이 너무 강한 데다 탄 맛도 나요! 환불해주세요."

단골손님도 아닌 데다 나이도 어리고, 말투도 딱딱해서 기분이 나빴다. 그녀는 자신의 커피 맛에 나름 자부심을 갖고 있었다. 자존심에 손상을 입었다는 생각이 들자 불쾌감이 밀려들었다. 이내 커피 맛의 문제가 아니라, 개인의 취향 문제라고 판단한 그녀는 환불을 거절했다.

"저희 커피는 원래 맛이 이래요. 단맛을 원하신다면 시럽을 넣어 드세요!"

"허! 지금 저를 원두커피 맛도 모르는 애송이 취급하는 거예요?"

손님이 물러서지 않고 계속 항의했고, 자신에 대한 비난으로 받아들인 그녀는 점점 기분이 나빠졌다.

"알았어, 알았어! 환불해줄 테니 당장 여기서 나가!"

화가 난 그녀는 신경질적으로 대응했고, 손님 역시 분이 풀리지 않았는지 한동안 노려보다가 문을 거칠게 열고 나갔다.

며칠 뒤, 아르바이트생이 온라인 커뮤니티에 빠르게 퍼지고 있다는 글을 보여줬다. 그날, 그녀의 카페에서 발생했던 일에 대해 상세히 기록되어 있었다. 여대생은 '카페 여주인은 커피 맛에 대한 사실 확인은 관심도 없고, 나이가 어리다는 이유로 반말로 화를 내며 손님을 내쫓았다'며 분개했다. 댓글은 하나같이 부정적인 내용들이었다.

뒤늦게 제정신이 든 그녀는 그때 사용했던 원두를 찾아서 씹어보았다. 원두를 볶는 과정에서 문제가 있었는지 탄 맛이 심하게 났다. 그녀는 뒤늦게 사과문을 올렸지만 여론은 바뀌지 않았다. 결국 때늦은 후회를 하며 괴로워하던 그녀는 6개월을 버티다가 폐업했다.

철학가인 이치로와 프리랜서 작가인 후미타케의《미움받을 용기》는 알프레드 아들러의 심리학을 바탕으로 집필한 책이다. 철학자와 부정적이고 열등감에 시달리는 청년의 대화 형식으로 구성되어 있는데, 2013년 일본에서 처음 출간된 이후, 전 세계적으로 번역되어 아들러 심리학 열풍을 일으켰다.

우리는 사회적 존재이므로 타인의 비판과 비난으로부터 자유로울 수 없다.

비판과 비난은 우리가 성장하고 발전할 수 있는 중요한 자극 중 하나이다. 이를 통해 우리는 행동, 사고, 태도를 성찰하고 필요하다면 개선할 기회를 얻게 된다. 특히 정당하고 건설적인 비판은 우리의 허점을 깨닫게 해주는 중요한 역할을 한다. 심리학적으로 볼 때 비판은 자기 생각을 객관적으로 바라볼 수 있는 메타인지를 활성화시켜, 자신의 생각을 점검할 기회를 제공한다.

타인의 피드백은 자신이 미처 알아차리지 못했던 부분을 깨닫는 데 도움 된다. 비판은 개인이 사회적 규범이나 관계의 틀에서 벗어나지 않도록 조절하는 기능을 한다.

적절한 비판은 관계를 유지하며 갈등을 해소할 수 있는 통로 역할도 한다. 비판을 잘 활용한다면 성장할 수 있고, 더 나은 방향으로 발전시켜 나갈 수 있다.

그러나 과도한 비판은 자존감을 심각하게 훼손시켜 사회적으로 위축시키고, 부정적인 자기 개념을 형성하고, 불안이나 우울을 초래할 수 있다. 특히 근거 없는 비난은 관계를 악화시키고, 신뢰를 손상시킨다.

인신공격성 비난은 방어기제를 활성화하고, 수치심이나 분노를 유발한다. 장기적으로 비난을 받을 경우 창의력과 도전력이 저하되고, '나는 아무짝에도 쓸모가 없는 사람이다'라는 왜곡된 자기 인식을 가질 수 있다.

타인의 비판이나 비난에 효과적으로 대처하는 능력은 불편한 감정으로부터 자신을 보호하고, 성장을 이루는 데 중요한 역할을 한다. 타인의 비판이나 비난에 슬기롭게 대처할 수 있는 일곱 가지 기술적인 방법을 소개하니, 꾸준히 연습해 몸에 익혔으면 하는 바람이다.

★

하나, 감정 조절하기

비난이나 비판은 '위협'으로 간주되어서 편도체가 활성화된다. 스트레스 호르몬이 분비되면서 순간적으로 분노나 수치심에 휩싸이게 된다.

즉각적으로 방어 태도를 취하거나 감정적으로 반응하지 않는 것이 중요하다. 깊게 심호흡을 하거나 잠시 침묵을 유지하는 것만으로도 감정의 영역인 편도체가 과잉 활성화되는 것을 진정시키고, 이성의 영역인 전전두엽이 깨어나는 데 도움 된다.

둘, 내용과 표현 분리하기

비난이나 비판을 이성적으로 처리하려면 전전두엽 피질이 개입해야 한다. 비난이나 비판에는 상대방의 감정이 섞이게 마련이다. 비난이나 비판의 내용과 상대방의 감정을 의도적으로 분리해서 이해한다. 비판 내용을 글로 적어보거나 핵심 단어를 찾아내면 내용을 이해하는 데 도움 된다.

상대방의 감정이 앞서서 무슨 말인지 이해가 안 될 경우에는 "어떤 부분에서 그렇게 느끼셨는지 좀 더 자세히 설명해주시겠어요?"라고 질문을 던진다.

셋, '특정 상황'에 대한 불만으로 받아들이기

비난이나 비판을 받으면 '나에 대한 공격이 아닌, 특정 상황에 대한 불만이다'라는 것을 먼저 인식해야 한다. 나에 대한 공격으로 인식하게 되면, 감정의 영역이 활성화되어서 객관적으로 받아들이기 힘들고, 이성적인 판단을 내릴 수도 없다.

넷, 사실 여부 검토하기

상대방의 비난이나 비판이 사실에 근거한 것인지, 주관적인 해석이나 감정에 의해 왜곡된 것인지를 구분한다. 비난이나 비판 내용의 타당성을 분석하고, 필요한 경우 객관적인 제삼자의 의견을 참고한다.

다섯, 가치 있는 정보 선별하기

비난이나 비판 속에는 가치 있고 유용한 정보가 숨겨져 있을 때도 허다하다. 상대방의 말을 무조건적으로 거부하거나 수용하지 마라. 나의 성장에 도움이 되는 조언을 선별해서 받아들일 필요가 있다.

여섯, 감사하거나 변호하기

건전한 비판일 경우 감사의 뜻을 전하면 부정적인 상황을 개선하는 데 도움 된다. 부족한 부분을 인지하고 개선하려는 노력은 자기 효능감을 높이고 긍정적인 변화를 이끌어낸다.

그러나 억울하고 부당하게 비난받고 있다고 판단되면, 침착하고 단호하게 자신의 입장을 밝힌다. 적절하게 대응하지 못할 경우, 도파민과 옥시토신 같은 긍정적 감정을 촉진하는 신경전달물질의 분비가 감소해 좌절감, 우울감, 고립감을 느낄 수 있다.

일곱, 자기 회복 시간 갖기

강렬한 비난은 해마와 연결되어 장기 기억으로 저장된다. 부정적인 피드백은 때때로 자기 개념을 변화시키고, 정체성과 자존감을 형성하는 데 영향을 미친다.

비난이나 비판을 받은 후 기분이 상했다면, 이를 인정하고 회복 시간을 갖는다. 취미 활동을 하거나, 자신을 믿고 존중해주는 지인들과 교류 등을 통해 기분을 환기시킨다. 긍정적인 자아 이미지를 되찾기 위해 이전에 이룬 업적을 살펴보거나 자신의 강점을 떠올리는 것도 좋은 방법이다.

> "비판이 그다지 달갑지는 않겠지만 꼭 필요한 경우도 있다. 그것은 인체에서 고통이 하는 일과 똑같은 기능을 갖고 있어서, 잘못된 상황에 대해 주의를 환기해준다."
> – 윈스턴 처칠

비난과 비판은 인간관계와 개인 성장을 위한 양날의 검과 같다. 어떻게 받아들이고 활용하느냐에 따라 우리의 삶의 질과 정서적 건강이 달라진다.

제1차 세계대전 당시 갈리폴리 상륙 작전 실패에 대한 책임 논란에 휩싸였지만 비난과 비판을 겸허히 수용했던 처칠의 명언처럼, 비난과 비판이 고통을 동반하지만 꼭 필요할 때도 있는 법이다.

듣기 싫다고 해서 무시하거나 외면하지 말고, 비난이나 비판에 귀를 기울여보라. 당신을 향한 날카로운 말들 속에도 진주가 숨겨져 있다. 그 진주를 발견하고, 주워 담는 것은 결국 당신의 능력이다.

30
불안과 친하게 지내는 법

> *불안은 한 가지 모습만 있는 게 아니다. 각각의 불안은 마치 퍼즐처럼 우리를 종합적으로 보완한다. 불안은 시간, 공간, 상황, 의미에 따라 다르게 작용하는 맞춤형 패키지일 수도 있다. 우리 자신을 성찰한다는 것은 우리 각자의 불안을 개별적으로 고유하게 알아가고 언제 어떻게 변화하는지 깨우쳐가는 일상적 수행이다.*
> – 사미르 초프라, 《불안을 철학하다》 중에서

오늘 당신은 어떤 불안을 느끼고 있는가? 그 불안은 당신에게 어떤 메시지를 전달하고 싶어 하는 걸까?

30대 중반의 E는 팀장과의 불화로 3년 남짓 몸담았던 회사에 사직서를 냈다. 그동안 쌓인 스트레스도 해소할 겸 한동안 푹 쉰 뒤, 재취업을 알아보기 시작했다.

재취업 시장도 예상했던 것보다 경쟁률이 심했다. 이력서를 내고 면접을 보러 오라고 해서 가보면 한두 명 뽑는 데도 불구하고, 백 명 가까운 인재들이 모여들었다.

탈락 횟수가 늘어나면서 자신감은 떨어졌고, 불안감은 높아졌다. 재취업에 성공한 뒤에 결혼할 예정인데, 이러다 취업도 못하고 결혼도 못하는 것은 아닌지 걱정됐다.

열심히 앱에 들어가서 취업공고문을 살피던 그는 자신이 그토록 가고 싶어 했던 회사의 '경력 사원 모집 공고'를 발견했다. 업계에서 최고 대우를 해주는 데다 조직 문화도 좋아서 모두가 가고 싶어 하는 곳이었다. 기대감과 설렘으로 가슴이 뛰었다.

"이번 기회를 절대 놓쳐서는 안 돼!"

그는 완벽한 자기소개서를 작성하기 위해 공을 들였다. 재취업에 성공한 사람들의 이력서를 분석해서 합격 비결을 추출해냈고, 그를 기반으로 경력을 녹여냈다.

며칠 뒤 서류 합격 소식과 함께 면접 일정이 잡혔다. 꿈이 눈앞으로 다가오자 심장이 마구 뛰었다. 면접은 실무자 면접, 임원 면접, 외국어 면접으로 이루어져 있었다.

면접 준비를 하는데 불안감이 엄습했고, 잡념이 수시로 떠올랐다. 선배를 통해서 면접 준비를 위해 구입한 자료가 눈에 들어오지 않았다.

'면접을 통과하면 분명 레퍼런스 체크를 할 텐데, 팀장이 과연 좋은 말을 해줄까? 그 인간 성격상 악담을 퍼부을 게 분명한데…'

'임원들은 주로 관상을 본다고 하는데 내가 취업에 성공할 상인가?'

'외국어도 손 놓은 지 오래되었는데, 과연 잘할 수 있을까?'

불안에 떨다 보니 시간이 획획 지나갔고, 어느새 면접 날이 다가왔다. 면접 전날 밤에는 자꾸만 면접에서 실수하는 모습이 떠올라 뜬눈으로 밤을 새워야 했다.

새벽에 잠깐 눈을 붙였다가 일어나니 면접 시간이 임박해 있었다. 그는 허겁지겁 면접장으로 달려갔다. 다행히 지각은 면했지만 제대로 준비를 못 해 면접장으로 들어서는 마음은 불안하기만 했다.

면접에서도 심하게 떠는 바람에 잇달아 실수했고, 그로부터 얼마 뒤 불합격 통보를 받았다. 그는 극심한 좌절감에 시달렸다. 면접 준비를 하면서 내내 걱정했던 일이 현실이 되어 나타난 것이었다.

뉴욕시립대학교 철학 교수인 사미르 초프라의 《불안을 철학하다》는 불안이라는 인간의 근원적인 감정을 철학적으로 심층 분석한 책이다. 붓다, 사르트르, 니체, 키르케고르, 틸리히, 하이데거, 프로이트, 마르쿠제, 마르크스 등 다양한 철학자들의 사상을 통해 불안의 다양한 측면을 조명한다.

인간이 불안을 느끼는 근본적인 이유는 생존 본능과 관련이 깊다. 불안은 진화 과정에서 발달해 온 생존을 위한 '경고 시스템'이라고 할 수 있다.

우리의 뇌는 과거의 경험과 현재의 정보를 바탕으로 미래의 위험을 예측하고 대비하려는 경향이 있다. 예측 불가능한 상황이나 잠재적인 위협에 대해 느끼는 불안이라는 감정은 우리의 생명을 보호하고 안전을 확보하기 위한 신체적·정신적 반응이다.

불안은 위험에 민감하게 반응하는 편도체에서부터 시작된다. 과거의 부정적인 경험이 있을 경우 편도체는 더욱 민감해져서 쉽게 불안감을 느낀다. 불안해지면 심박수가 증가하고 아드레날린이 분비된다. 주변 환경을 조심스럽게 주시하며, 잠재적인 위험에서 벗어날 만반의 준비를 한다.

불안은 주목해야 할 문제를 신속하게 인지해서, 적절한 조치를 취하도록 압박한다. 예를 들면 중요한 업무 또는 시험을 앞두고 느끼는 불안은 준비 과정을 강화함으로써 더 나은 성과를 내도록 돕는다. 사고를 확장하고, 다양한 가능성을 탐색하게 만들어서, 창의력과 문제해결 능력을 향상시키기도 한다.

그러나 과도한 불안은 스트레스 호르몬의 과다 분비로 인해 전전두엽의 집중력을 떨어뜨리고, 실행 능력을 저하시킨다. '실패로 끝나면 나는 파산할 거야!'와 같은 최악의 상황을 상상하게 하는 인지적 왜곡을 유발해서 불안을 더욱 증폭시킨다. 지속적인 불안은 불면증, 고혈압, 심혈관 질환, 소화기 문제 등 신체적 문제를 일으키기도 한다.

그렇다면 어떻게 불안을 해결할 수 있을까? 다양한 방법이 있지만 여기서는 누구나 실천 가능한 여섯 가지 기술적인 방법을 소개한다.

★

하나, 불안에 이름 붙이기

불안한 마음에 구체적이고 명확하게 이름을 붙여준다. '지금 나는 ○○○ 때문에 ○○하다'라고 명명한다. 예를 들면 이런 식이다.

"나는 지금 면접에 대한 불안감 때문에 복부가 답답하다."

UCLA 연구에 따르면, 불안과 같은 불편한 감정을 느낄 때 그 감정을 구체적인 단어로 표현하는 것만으로도 뇌의 감정 처리 중추인 편도체의 활동이 감소하는 것으로 나타났다.

둘, 불안과 대화하기

불안이 던져주는 메시지에 귀를 기울이며, 메시지를 언어화해서 적절한 조치를 취한다.

"갑자기 불안감이 드는데, 도대체 어디서부터 시작된 거야?"
"이 불안이 나에게 주려는 메시지는 무엇인가?"
"불안감을 해소하기 위해서 내가 할 수 있는 일은 무엇일까?"

불안을 억누르거나 무시하지 말고, 어떤 해결 방식을 요구하는지를 차분히 파악한다. 이런 과정은 자기 주도적 문제해결 능력을 키우는 데도 중요하다.

셋, 불안 내보내기

걱정해도 당장 해결할 수 없거나 우려에 가까운 불안은 상징화한 뒤 상상을 통해 멀리 떠나보낸다.

불안을 나뭇잎으로 형상화한 뒤 계곡에서 띄워 보내는 상상을 하거나, 풍선이라고 상상한 뒤, 공중으로 날려 보낸다.

불안을 실물화해서 버리는 방법도 있다. 불안을 그림으로 형상화해서 찢어버리거나, 글로 적은 뒤 종이를 태워버리거나, 주전자의 물을 불안이라고 생각하며 컵에다 따른 뒤 변기에 버리고 물을 내리는 방법도 유효하다.

넷, 행동으로 해결하기

불안의 원인이 명확하고 해결 가능한 경우, 구체적인 실행 계획을 세우고 작은 단계부터 실천한다. 예를 들어, 다가오는 시험으로 인해서 불안하다면, 시험 계획표를 짜는 것만으로도 통제력이 확보돼 불안감을 감소시킬 수 있다.

다섯, 최악의 시나리오 상상하기

우리가 불안해하는 이유는 불안이 가져올 결과를 정확히 모르기 때문이기도 하다. 최악의 결과를 상상한 뒤에 감당할 수 있는 수준인지 평가해본다. 또한, 최악의 상황에 대한 대비책을 미리 생각해보는 것도 불안 감소에 도움이 된다.

"그래 봤자, 해고뿐이 더 당하겠어? 이번 기회에 나도 사업이나 한번 해보지, 뭐."

심리학에서는 이를 노출을 통해서 두려움을 줄이는 '노출 요법'의 한 유형으로 본다. 피하고 싶어 하는 두려움과 직면함으로써, 두려움이 과도하게 평가되었다는 사실을 깨닫게 된다.

여섯, 운동으로 평상심 회복 능력 키우기

수많은 연구를 통해서 운동이 불안을 감소시키는 데 강력한 효과가 있음이 증명되었다. 운동하면 뇌에서 세로토닌과 엔도르핀, 엔도카나비노이드 같은 신경전달물질의 분비로 인해 불안감이 줄어들며 긍정적인 감정이 활성화된다.

꾸준히 운동하면 감정적으로 힘든 일이 생겨도, 이내 원상태로 회복되는 감정의 탄력 회복성이 증가한다.

"불안은 우리가 스스로 만들어낸 괴물이다. 그 괴물을 직면하고 나면 우리는 강해진다."
-버지니아 울프

　불안은 친구는 아니지만 그렇다고 해서 적도 아니다. 불안은 우리의 행동과 사고를 촉진하고, 마치 흔들어서 아기를 잠재우는 요람처럼 우리의 삶을 보호하는 역할을 한다.
　외면하거나 달아날수록 불안으로 인한 공포심은 증가한다. 인간의 내면세계를 그린 작품들로 주목받았던 울프의 명언처럼, 불안의 실체를 확인할 때마다 우리는 조금씩 더 강해진다.
　인간은 불완전한 존재여서 이런저런 불안을 안고 살아가야 하는 운명이다. 불안과 친하게 지내는 법을 익혀라. 인생이 한층 더 즐거워지리니.

31
상처는 크기가 아니라 해석에 달렸다

정신적 상처는 언제 어디서든지 일어날 수 있다. 이는 고통스럽기는 하지만 동시에 더 많은 인간성을 실현하고 우리가 상황의 힘에 굴복하지 않도록 지속적인 원동력이 되기도 한다. 우리의 동경과 바람을 일깨우고 우리를 생동감 있게 유지시키는 것, 이로 말미암아 발전을 이루도록 하는 것이 바로 고통이다.

— 롤프 젤린, 《쉽게 상처받는 당신의 마음에 대하여》 중에서

당신은 어떤 상처를 안고 살아가고 있는가? 그 상처는 당신의 삶을 어떻게 변화시켰는가?

30대 후반인 O는 7년 전 끔찍한 교통사고에서 홀로 살아남았다. 지방에서 열린 친구 결혼식에 갔다가, 아침 일찍 서울로 상경하는 길이었다. 밤늦게까지 이어진 피로연으로 피곤했는지 고속도로로 진입하자 다들 잠이 들었다.

한참 달리다 보니 물안개가 밀려들었다. 밀려오는 졸음을 참으며 비몽사몽간에 운전하고 있는데 나란히 달리던 승합차가 갑자기 차선을 변경했다. 그는 재빨리 핸들을 꺾었다. 그 바람에 뒤에서 달려오던 5톤 트럭과 충돌했다.

중상을 입었지만 그는 가까스로 살아남았다. 그러나 함께 탑승했던 친구 두 명은 모두 목숨을 잃었다.

그는 1년 넘는 입원 끝에 퇴원했지만, 진짜 고통은 그때부터 시작이었다. 밤마다 트라우마에 시달려야 했다. 사고 당시의 장면들, 차에서 튕겨 나간 친구, 머리에서 피를 철철 흘리고 있는 친구의 모습이 머릿속에서 끝없이 재생됐다.

'내가 그때 졸지만 않았더라면….'
'휴게소를 그냥 지나치는 게 아니었어.'
'비겁한 놈! 나만 살겠다고 충돌 순간, 핸들을 꺾었어.'

극심한 불면증에 시달렸고, 잠깐 잠이 들면 악몽을 꾸었다. 거리에 나서면 브레이크 밟는 소리, 차가 충돌하는 소리가 환청처럼 들려 와서 정상적인 사회생활을 할 수 없었다.

그는 직장에 복귀했지만 얼마 지나지 않아 사직했고, 자신 때문에 친구들이 죽은 것 같아 다른 친구들과의 만남도 피했다. 시간이 지날수록 죄책감은 점점 깊어져서, 우울증으로 이어졌다. 그는 아무런 삶의 의미도 찾지 못한 채 무의미한 하루하루를 살아가고 있다.

독일의 저명한 관계 심리학 전문가인 롤프 젤린의 《쉽게 상처받는 당신의 마음에 대하여》는 마음의 상처가 어떻게 우리에게 각인되고 되살아나는지 심리학적으로 깊이 있게 탐구하고 있다. 저자는 우리가 자신의 상처를 돌보지 않고 방치할 때, 오히려 스스로를 더욱 고통스럽게 만드는 가해자가 될 수 있다고 경고한다.

우리는 크고 작은 상처를 안고 살아간다. 어린 시절의 부정적인 경험, 관계에서의 실망, 실패의 기억 등은 현재를 살아가는 우리의 행동, 사고방식, 감정적 반응에 영향을 미친다. 상처는 고통스러워도 그 경험에서 새로운 관점과 의미를 발견한다면, 변화를 촉진하는 힘이 될 수 있다. 그러나 상처를 제대로 해석하지 못하면 우리 삶 전체를 왜곡시킬 수도 있다.

'상처'가 신체적·정신적 손상이나 고통을 의미한다면, '트라우마'는 생명을 위협하거나 심각한 신체적·정신적 손상을 초래하는 극심한 사건을 경험한 후 발생하는 정신적 외상을 의미한다.

트라우마는 심각한 수준의 정서적·심리적 후유증을 남길 수 있고, 외상 후 스트레스장애(PTSD), 우울증, 불안장애 등 정신질환으로 이어질 수 있어 전문적인 심리 치료를 요한다.

트라우마는 우리 뇌의 '위협 감지 시스템'을 과민하게 만든다. 그때의 기억이 현재처럼 생생하게 떠오르거나, 작은 자극에도 과도하게 반응한다. 뇌는 과거의 고통 속에 머물러서 쉽게 벗어나지 못한다. 그러나 다행히도 뇌는 자주 사용하면 변하는, 신경가소성을 지니고 있다. 새로운 관점과 경험을 통해 뇌의 신경 회로를 재구성할 수 있고, 이를 통해 고통스러운 기억의 영향력을 약화시킬 수 있다.

장기간 트라우마를 겪게 되면 불안, 우울, 분노 등의 정서적 어려움으로 자존감이 낮아져 대인관계를 회피하게 되고, 작은 위협에도 극단적으로 반응하기도 하고, 자신을 학대하기 위해 트라우마를 무의식적으로 되풀이하는 경향이 있다.

스트레스 상태가 지속됨으로 인해서 면역체계 약화, 수면장애, 만성통증, 소화 문제 등이 나타나기도 한다.

상처는 사실 그 자체보다 우리가 그것을 어떻게 의미화하고 해석하느냐에 따라 현재 우리의 삶에 미치는 영향이 달라진다. 같은 경험을 했더라도 그 경험으로 인해 정체성을 확립하고 성장할 기회로 삼는 사람이 있는 반면, 감정적으로 묶여 삶에 지속적으로 장애를 느끼는 사람도 있다. 이는 경험 자체보다 해석의 차이에서 비롯된다.

상처를 재해석하면 '나는 피해자이고, 나의 과거가 현재를 통제한다'는 사고방식에서 벗어나, '내 경험을 어떻게 해석하고 받아들일지는 나에게 달려 있다'로 사고방식이 변해, 통제감을 회복할 수 있다. 부정적인 경험에 새로운 맥락을 부여하면, 고통스러운 감정이 줄어들고, 더 이상 압도되지 않는다. 또한 재해석은 '그것은 과거의 일'이라는 인식을 강화하여, 현재와 분리되어 있음을 새롭게 인식하게 한다.

상처를 치유하고, 트라우마에서 벗어나려면 뇌의 '신경가소성'을 활용해야 한다. 반복적인 생각과 경험이 뇌의 신경 회로를 변화시킨다. 비록 고통스러운 기억과 경험이지만 재해석을 통해 한층 강해질 수 있고, 공감 능력과 회복탄력성을 키울 수 있다. 이를 '외상 후 성장'이라고 한다.

그렇다면 상처는 어떻게 극복할 수 있을까?

심리학과 뇌과학을 활용해 감정을 처리하고, 경험을 새롭게 재구성해서 균형 잡힌 삶을 추구할 수 있는 여섯 가지 기술적인 방법을 소개한다.

★

하나, 메타인지 강화하기

자신의 사고를 객관적으로 볼 수 있는 능력인 메타인지를 강화하는 연습을 한다. 그러기 위해서는 자신의 감정, 신체적 반응, 생각의 패턴을 인식하려고 노력해야 한다.

"무엇이 나를 불편하게 만드는가?"

"내가 느끼는 감정의 근원은 무엇인가?"

"나는 왜 매번 사이렌 소리를 들을 때마다 그때의 일을 떠올리는가?"

객관적으로 자신을 관찰하다 보면 메타인지가 강화된다.

둘, 노출하기

안전한 환경을 확보한 뒤, 그때의 경험을 밖으로 노출시킨다.

비슷한 상처를 경험한 사람들과 대화를 나누거나, '연극 치료'나 '사이코드라마'를 통해 치료를 한다. 일종의 거울 치료인데 자기 인식을 객관화할 수 있고, 억눌려 있던 감정을 안전한 환경에서 표현하고 해소할 수 있다.

셋, 상처를 재해석하기

과거의 경험을 글로 쓰거나 그림이나 음악 등 예술적인 방법을 통해 표현한다. 이 과정에서 상처를 분리된 이야기로 재구성할 수 있으며, 재해석된 스토리는 고통스러운 감정을 완화하는 데 도움 된다.

넷, 수용하기

비록 아픈 경험일지라도 부정하지 말고 수용한다.

"그 일은 내 경험의 일부일 뿐, 나의 전부는 아니다."

회피하지 않고 수용하게 되면 자기 비난이 감소하고, 현실을 직시함으로써 문제해결 능력을 향상시킬 수 있다. 전전두피질이 활성화되어서 신경가소성을 촉진한다.

다섯, 의미 찾기

상처 재해석을 통해 삶의 의미를 찾으면 신경가소성이 촉진된다. 고통스럽고 힘들었던 경험을 타인을 돕기 위한 동기로 삼거나, 새로운 목표를 설정하면 외상 후 성장이 가능하다.

여섯, 긍정적인 마인드 기르기

아침에 눈을 뜨면 멋진 하루를 맞이할 수 있음에 감사하고, 일상의 작은 행복에도 감사하고, 저녁에는 감사한 일 세 가지를 찾아서 감사 일기를 쓰고, 긍정 마인드를 지닌 사람들과 교류하다 보면, 뇌가 부정적인 경험보다 긍정적인 경험을 더 쉽게 저장하고 회상할 수 있도록 재설정된다. 긍정적인 마인드를 길러두면 고통스럽고 안 좋은 경험을 하더라도, 깊고 어두운 터널에서 빠져나오는 데 걸리는 기간이 훨씬 단축된다.

> "상처는 당신의 미래에 대한 예측을 위한 참고 사항이 아니다. 당신이 그 상처를 통해 어떤 사람이 될지는 전적으로 당신에 달려 있다."
>
> - 존 그리슨

과거는 변하지 않는다. 하지만 그것을 바라보는 당신의 시선은 달라질 수 있다. 당신은 상처 속에 갇힌 피해자가 될 수도 있고, 그 상처로부터 새롭게 태어난 강한 사람이 될 수도 있다. 법정 스릴러 소설의 대가인 존 그리슨의 말처럼 어떤 시각으로 바라보고, 어떻게 해석할 것이냐에 따라서 당신의 미래가 달라진다.

당신은 어떤 스토리의 주인공이 되고 싶은가? 상처로 인해 주저앉는 사람이 되고 싶은가, 상처를 딛고 일어서는 사람이 되고 싶은가. 혼란스러운 삶을 살고 싶은가, 비록 생과 사는 신의 뜻이지만, 남은 인생만큼은 내 뜻대로 살아가는 심플한 삶을 살고 싶은가.

32
불편한 관계에서 나를 지키는 법

> 태어나 처음으로 나에게 가장 중요한 관계는 나 자신과 맺은 관계라는 사실을 알게 되었다. 나의 가장 깊은 욕구와 열망에 대해 스스로에게 솔직할 수 없다면 다른 사람과 진정으로 교감할 수 없음을 깨달았다. 스스로에게 솔직해지는 것은 나를 다른 사람들과 좀 더 진실되게 공유하는 첫걸음이었다.
> - 니콜 르페라, 《관계의 뇌과학》 중에서

당신은 자신의 감정에 솔직한가? 타인을 배려하느라 당신의 마음은 정작 뒷전에서 힘들어하고 있지는 않는가?

30대 후반인 C는 어릴 때부터 어머니의 기대를 충족시키기 위해서 자신의 감정과 욕구를 억누르며 살아왔다. 아버지는 어릴 적에 돌아가시고, 어머니가 힘들게 자신과 여동생을 키운다는 사실을 알게 된 그는 일찍 철이 들었다.

그는 스스로 '착한 아이 콤플렉스'에 갇혔고, 어머니와 여동생의 요구라면 자신을 희생해서라도 들어주었다. 어머니의 칭찬을 받고 싶어서 여동생을 잘 돌봤고, 공부를 열심히 한 덕분에 성적은 늘 상위권이었다.

어릴 적부터 그는 방송국 PD가 꿈이었다. 그러나 어머니의 꿈이었던 외교관이 되기 위해 정치외교학과에 입학했다. 재학 중에는 물론이고, 졸업 후에도 적성에 맞지도 않는 외무고시를 패스하기 위해 몸부림쳐야 했다. 그러나 끝내 그 좁은 문을 통과할 수는 없었다.

대기업에 입사한 것은 서른이 다 되어서였다. 칭찬과 인정을 통해서 자신의 가치를 확인해왔고, 어려서부터 어머니와 동생의 부탁을 거절해본 적이 없어서, 직장생활은 쉽지 않았다. 동료들의 부탁을 들어주다 보니, 시간이 흐르자 부서 업무의 대부분을 도맡아서 하고 있었다.

여자 친구와의 관계도 좋지 않았다. '마마보이'라는 소리도 수시로 들었지만 그는 어머니의 말씀을 거부할 수 없었다.

"아니, 자기는 왜 자꾸 엄마 눈치를 보는데? 사람이 왜 이렇게 줏대가 없어!"

"그냥 우리 엄마가 하자는 대로 하면 안 될까?"

"그럴 거면 그냥 엄마랑 살아, 난, 더 이상 못 하겠어!"

결혼 날짜까지 잡았는데, 어머니의 의견을 우선시하는 습관 때문에 여자 친구와 말다툼을 했고, 결국 파혼에 이르렀다.

그는 극심한 스트레스와 함께 자신에 대한 무력감을 느꼈다. 그 누구보다도 열심히 살아왔다고 자부했건만 그의 내면은 공허하기만 했다.

'내 인생은 대체 누구의 것인가?'

그는 처음으로 자신에게 심각한 질문을 던졌고, 비로소 무언가 잘못돼도 한참 잘못됐다는 생각이 들었다.

미국의 임상 심리학 박사인 니콜 르페라는 내 마음을 궁극적으로 치유할 수 있는 사람은 바로 '나'라면서, 스스로가 변화를 이끌어가는 삶의 주체가 되어야 한다고 강조한다. 《관계의 뇌과학》은 인간관계 문제의 이면에 자리한 무의식적인 트라우마와 조건화된 자기 패턴을 신경과학적인 관점에서 탐구하는 심리 치유서이다. 10년간의 임상 경험과 최신 신경과학 연구를 바탕으로, 우리가 왜 끊임없이 타인을 갈망하면서도 관계에서 상처받고 외로움을 느끼는 이유를 심층 분석하고 있다.

현대 사회에서 많은 사람이 인간관계로 인한 스트레스와 불안에 시달리는 근본적 이유는 타인 중심의 관계 패턴에 갇혀 있기 때문이다.

대인관계에서 가장 중요한 사람은 바로 '나' 자신이다. 심리학에서는 자신의 감정, 생각, 신념, 동기 등을 객관적으로 이해하는 능력을 '자기 인식'이라 부른다. 건강한 대인관계를 형성하기 위해서는 자신이 누구이고, 무엇을 원하는지 명확히 알아야 한다. 자신에 대한 이해가 부족하고, 자신의 욕구를 모를 경우 다른 사람에게 휘둘리거나 지나치게 의존하게 된다.

뇌과학 연구에 따르면, 우리의 뇌에는 타인의 감정을 반영하는 '거울신경세포'가 있다. 이 세포는 공감을 가능하게 하지만, 자존감이 낮을 경우 타인의 기분에 과도하게 휩쓸리게 된다.

불편한 관계에서도 나를 지키려면 타인 중심의 관계에서 벗어나, '나 중심의 관계'로 재구성해야 한다. 그래야 잡념에 시달리지 않고, 행복한 삶에 필요한 시간과 공간을 확보할 수 있다.

심리학과 뇌과학을 근거로 한 타인 중심의 관계에서 나 중심의 관계로 전환하기 위한, 쉽고 편리한 기술적인 방법 다섯 가지를 소개한다.

★

하나, 자기 관찰하기

매일 자신의 감정, 생각, 욕구, 신체 반응 등을 기록하며 자신을 객관적으로 관찰하는 연습을 한다. 무엇이 나를 편안하게 하고, 무엇이 나를 불편하게 하는지, 무엇을 중요하게 생각하는지 등을 파악한다.

자신이 중요하게 생각하는 가치를 명확히 하고, 감정과 약점을 파악하고 나면 '자기 인식'을 높일 수 있어서, 불편한 관계에서도 무엇을 선택하고 어떻게 행동해야 할지 알게 된다.

둘, 자존감 높이기

긍정적인 자기 대화는 뇌의 부정적 회로를 차단하고, 자신에 대한 긍정적인 이미지를 강화한다. 타인과의 상호작용에서도 더 자신감 있고 긍정적인 태도를 유지하게 한다. 실수나 실패를 했더라도 자신을 비난하기보다는 이해하고 격려한다. 작은 성취도 중시하고, 자신의 능력에 대한 믿음을 키워 나가다 보면 자존감도 올라간다.

자존감이 높아지면 외부의 칭찬이나 평가에 기대지 않고, 자신의 내적 성장과 안정을 중요시하게 된다.

셋, 경계 설정하기

항상 나는 보호받고 존중받을 권리가 있음을 명확히 인식한다. 감정, 시간, 에너지 낭비를 줄이기 위해서 불편하거나 부당한 요구를 받았을 때는 정중하고 단호하게 "NO!"라고 말하는 연습을 한다.

이러한 '자기주장 훈련'은 자신의 가치를 보호하는 한편, 상대에게도 존중받을 수 있는 방법이다. 정면에서 "NO!"라고 말할 수는 없지만 마음이 계속 불편하다면, 명확한 규칙을 정하거나 공간적·시간적 거리를 둔다.

넷, 자기 돌보기

자신을 돌보고 휴식하는 시간을 반드시 스케줄에 포함시킨다. 자기 돌봄은 뇌의 보상 시스템을 활성화시켜 행복감을 증진시킨다. 규칙적인 운동, 충분한 수면, 건강한 식습관 등은 도파민과 세로토닌 같은 행복 호르몬의 분비를 촉진하여 긍정적인 감정을 느끼게 한다. 심리적으로 재충전된 상태일수록 타인과의 관계에서도 더 나은 에너지를 전달할 수 있다.

다섯, 도파민 중독 끊기

SNS에 글, 사진, 비디오 등을 자주 올리거나 댓글을 통해서 '좋아요'를 받는 데 중독되어 있다면, 한동안 SNS를 멀리한다. 과도한 쇼핑이나 게임에 빠져 있다면 환경을 바꿔야 한다. 산책, 명상, 독서와 같은 내적이고 정적인 활동으로 대체하면 타인 중심의 관계에서 서서히 벗어날 수 있다.

"자신이 먼저 행복해야, 다른 사람을 만나도 서로 행복하다."
- 월 스미스

타인과의 관계는 삶의 중요한 부분이지만, 그 시작은 언제나 자신과의 관계에서부터 출발함을 명심해야 한다. 미국의 배우이자 래퍼 겸 영화 제작자인 윌 스미스의 말처럼 행복에는 언제나 자신이 우선이다.

    나 자신을 먼저 사랑하고 존중하며 건강한 관계를 맺어야만, 우리는 불편한 관계에서 자신을 보호하고 더욱 행복하고 만족스러운 삶을 살아갈 수 있다.

    나는 그 자체로 하나의 우주이다. 그 안에 내가 없다면, 우주의 평화나 질서가 무슨 의미가 있겠는가.

33
불편한 감정을 해소하는 SNS 활용법

> 우리의 뇌는 하루에 특정 개수만큼의 판단만 내릴 수 있게 구성되어 있어서 그 한계에 도달하면 중요도에 상관없이 더 이상 판단을 내릴 수 없는 것으로 보인다. 신경과학의 최근 발견 가운데 유용한 것 중 하나는 다음과 같다. "우리 뇌에서 판단을 담당하는 신경 네트워크는 어느 판단이 더 우선적인지 따지지 않는다."
> - 대니얼 J. 레비틴, 《정리하는 뇌》 중에서

당신은 SNS를 사용할 때 어떤 감정을 느끼는가? 불안이나 우울 같은 불편한 감정을 느끼는가, 소통을 통해 안정감을 느끼는가?

40대 초반의 가정주부인 L은 육아로 인한 스트레스와 고립감으로 지쳐 있었다. 집안일을 도맡아 하면서 두 살 터울의 아이를 양육하는 일은 예상보다 훨씬 힘들었다. 잠시도 쉴 틈이 없는, 그야말로 매 순간이 전쟁이었다.

'그냥 직장이나 다니며 혼자 살걸. 내 주제에 무슨 영화를 보겠다고 결혼해서 아이를 둘이나 덜컥 낳았을까? 제 앞가림도 제대로 못하는 주제에.'

그녀는 SNS에서 완벽하게 가사와 육아를 해내는 또래들을 보며 열등감을 느꼈다. 자신만이 세상에서 가장 무능하고, 가장 불행한 사람인 것 같아서 울적했다.

그러던 어느 날, 유치원에 보내기 전에 아이를 교육시킬 목적으로 관련 정보를 찾다가 육아 관련 SNS 커뮤니티를 발견했다. 유익한 정보도 많았고, 공감 가는 글도 많았다.

하루는 둘째 아이가 말도 안 듣고 말썽만 피워서 손찌검을 했다. 표현도 제대로 못하는 어린것을 때리고 나니 뒤늦게 죄책감이 밀려왔다.

혼자 눈물을 흘리던 그녀는 그날 밤 속이 상해서 처음으로 커뮤니티에 글을 올렸다. 다음 날 확인해보니, 수많은 공감 댓글이 달려 있었다. 댓글을 하나씩 읽다 보니 가슴이 뭉클해지면서 까닭모를 눈물이 하염없이 흘러내렸다. 실컷 울고 나니 개운한 기분이 들었다. 동지가 생긴 듯한 뿌듯함과 함께 왠지 모를 육아에 대한 자신감이 치솟았다.

그녀는 그 뒤로 틈틈이 SNS를 통해 익명의 친구들과 소통했다. 힘든 감정도 토로하고, 육아 교육에 대한 의견도 주고받고, 정보도 공유하다 보니 공통의 관심사를 통한 끈끈한 유대감을 형성할 수 있었다.

1년쯤 지나자 일상에서의 불편한 감정도 사라지고, 스트레스도 한결 감소했다. 근래에는 마음의 여유도 생겨서, 큰아이를 유치원에 보낸 뒤 음악도 듣고, 책도 읽곤 한다.

미국의 심리학자이자 음반 프로듀서인 대니얼 J. 레비틴의 《정리하는 뇌》는 정보 과부하 시대에 우리의 뇌가 어떻게 작동하는지, 어떻게 해야 선택의 홍수 속에서 효과적으로 사고할 수 있는지에 대한 과학적인 통찰과 그에 따른 방안을 제시한다. 뇌는 인지적 한계가 있으니 외부 세계를 효과적으로 활용하여 정보 과부하를 극복할 것과 명확한 사고와 효율적인 의사결정을 가능하게 하는 '뇌 친화적인 정리'의 중요성을 강조하고 있다.

SNS는 당신의 감정을 갉아먹을 수도 있고, 치유할 수도 있다. 잘못 사용할 경우 오히려 불편한 감정을 악화시키지만, 효율적으로 사용하면 불편한 감정을 해소할 수 있다.

SNS는 대개 다른 사람들의 '편집된 삶'을 보여준다. 이는 불필요한 자기 비교로 이어지며, 수치심, 열등감 등을 유발할 수 있다.

사회적 비교, 감정적 고갈, 현실 도피, 강박 증상 심화, 사이버 괴롭힘, 가짜 정보, 부정적인 콘텐츠 등은 SNS의 대표적인 단점이다.

과학적으로 증명되었다시피 SNS의 과다한 사용은 감정 중추인 변연계를 자극해 불안과 우울을 유발한다. 또한 휴대폰에서 쏟아지는 불빛은 수면 호르몬인 멜라토닌의 분비를 방해해 정서적 불안감을 조성한다.

그렇다면 SNS의 장점은 무엇일까?

SNS는 본인의 감정을 텍스트, 이미지, 또는 영상 등으로 곧바로 표현할 수 있는 공간을 제공한다. 이를 통해 억눌린 분노, 슬픔, 외로움 등의 감정에서 일종의 해방감을 느낄 수 있다. 또한, 긍정적인 피드백은 불안을 감소시키고, 자존감 및 자기 효능감을 향상시킨다.

흥미로운 콘텐츠를 통해 불편한 기분을 전환하거나 잠시 잊을 수 있고, 불편한 감정을 솔직하게 공유했을 때 공감과 지지를 받을 수 있어서, 사회적 유대감을 강화할 수 있다.

SNS를 적절히 활용하면 감정을 처리하는 편도체의 활성을 억제할 수 있고, 스트레스 호르몬인 코르티솔의 분비를 줄일 수 있다.

심리학과 뇌과학에서는 SNS의 장단점이 명확하다고 분석하고 있다. 레비틴이《정리하는 뇌》에서 지적했듯, 우리 뇌는 무한한 판단 능력을 갖추지 못했다. 따라서 SNS를 효율적으로 사용하기 위해서는 의식적인 필터링이 필요하다.

SNS를 활용하여 불편한 감정을 해소하는 다섯 가지 기술을 소개하니, 이를 적극 활용해보길 권한다.

★

하나, SNS에 감정 다이어리 쓰기

자신의 불편한 감정을 일기 형식으로 SNS에 비공개 게시글로 작성한다. 무겁지 않은 내용이라면 가끔 공개해도 좋지만 무거운 내용은 공개하지 않는 편이 낫다. 무거운 내용을 공개할 경우 불편한 감정이 오히려 악화될 수 있다.

감정을 언어화하면 전두엽이 활성화되고 편도체의 과도한 반응이 진정되어, 감정 조절 능력이 향상된다.

둘, 긍정적인 자료 저장하기

즐거움이나 위로를 주는 콘텐츠-짧은 유머 영상, 긍정적인 인용구, 자연 풍경 사진 등등-를 SNS 북마크나 컬렉션에 저장하고, 불편한 감정이 들 때마다 꺼내본다.

긍정적인 자극으로 불편한 감정을 상쇄시키는 '정서적 대체' 원리이다. 우울한 상태에서 긍정적인 자극물을 반복 노출하면 보상 시스템이 작동해 도파민이 분비되고, 스트레스 반응 억제라는 경험이 해마에 장기 기억으로 저장된다.

셋, 디지털 공감대 활용하기

불편한 감정을 해소할 수 있는 관심 커뮤니티, 온라인 익명 커뮤니티, 건강 정보 교류 등과 같은 커뮤니티에서 활동한다.

'사회적 지지'는 고립감을 해소하고, 감정적으로 유사한 경험을 가진 사람들과의 교류를 통해, 나의 감정이 정상적임을 알려 준다.

사회적 지지 활동은 신뢰 호르몬인 옥시토신의 분비를 촉진하는 한편, 스트레스 호르몬인 코르티솔의 농도를 낮춰서 정서적 안정감을 준다.

넷, 알고리즘 활용하기

SNS 플랫폼의 알고리즘을 불편한 감정을 치유하는 방향으로 최적화한다. 긍정적이고 교육적인 페이지를 팔로우하거나 '좋아요'를 누르면, '추천 알고리즘'에 영향을 줘서 보고 싶은 글이나 영상을 계속 받아볼 수 있다.

알고리즘을 이용해서 불편한 감정을 해소하고 정서적 안정감을 높이는 방향으로 설계하면, 균형 잡힌 디지털 환경을 유지할 수 있다.

정서적으로 안정적인 콘텐츠 소비는 스트레스가 축적되는 경로를 차단하고, 긍정적 경험과 관련된 해마의 기억 저장 능력을 강화한다.

다섯, 디지털 디톡스 활용하기

SNS를 오래 사용하면 주의력이 감소하고, 인지 능력이 저하된다. 불편한 감정이 들면 일정한 시간을 정해놓고 SNS를 멀리하거나, 특정 계정을 숨기거나 언팔로우한다.

불편한 감정을 악화시키거나 불편한 감정의 근원인 SNS를 일시적으로 차단함으로써, 감정의 과잉 자극이나 왜곡을 방지한다.

정보 과잉으로 인한 자극이 점차 줄어들면, 뇌의 신경가소성이 회복되면서 본래의 정서적 회복력을 증진한다.

> "우리는 소통을 통해 서로의 감정을 이해하고, 그로 인해 더 깊은 관계를 형성할 수 있다. 그러나 SNS는 때때로 진정한 소통을 방해할 수 있다."
>
> - 브레네 브라운

SNS는 적절히 활용하면 불편한 감정을 효율적으로 처리할 수 있는 훌륭한 도구가 될 수 있다. 그러나 무심코 사용한다면 불편한 감정은 더욱 불편해진다.

《마음 가면》의 저자인 브레네 브라운의 말처럼 SNS는 장점과 단점이 혼재되어 있음을 항상 명심해야 한다.

현대인에게 SNS는 이제는 감고 싶어도 감기지 않는 '제3의 눈'이 되었다. 어차피 함께 살아가야 할 운명이라면 건강한 SNS 활용법을 먼저 익혀야 하지 않겠는가.

34

세월이 흐르면
상처도 사라질까?

> 이 책에 나오는 방법들의 대부분은 에너지를 사용한다. 빛, 소리, 진동, 전기, 동작 등의 형태를 취하는데, 이런 에너지는 자연적이고 비침습적인 통로로 우리의 감각과 몸을 통해 뇌로 들어가 뇌 자체의 치유력을 일깨운다. 우리의 감각은 주위에 있는 여러 형태의 에너지를 뇌가 사용하는 전기신호로 바꾼다.
> - 노먼 도이지, 《스스로 치유하는 뇌》 중에서

힘든 일이 있을 때 흔히들 '세월이 약'이라고 한다. 당신도 세월이 약이라는 말에 동의하는가? 과연 세월이 흐르고 나면 상처도 사라지는 걸까?

웹툰 작가인 40대 초반의 K가 주로 다루는 소재는 사회 부조리이다. 그의 초기 작품은 독자들로부터 현실성이 탁월하다는 호평을 받았는데, 그 이유는 자신이 학교 폭력 피해자였기 때문이었다.

중학교 때 그는 고도비만에다 소심한 성격이었다. 입학과 동시에 반 아이들의 표적이 되어 조롱과 폭력에 시달렸다. 학교에서 맞고 집에 들어가면 직업 군인이었던 아버지는 남자답지 못하다면서 오히려 그를 혼냈다. 화장품 외판원이었던 어머니는 밖으로 나돌아 다니느라 정신없던 시기였다.

지옥 같은 나날들이었다. 학교 폭력은 인간에 대한 두려움으로 바뀌었다. 그는 동네 친구들과도 점점 멀어졌다. 자기 방에 처박혀서 자신을 괴롭힌 친구들에게 복수하는 그림을 그리면서 스스로 아픔을 달랬다.

집과 학교 사이에는 성당이 있었다. 평일의 성당은 물속처럼 고요했다. 어느 날 그는 성당에 들러 하나님과 성모 마리아에게 기도했다. 제발 이 끔찍한 고통에서 벗어나게 해달라고. 그러나 상황은 갈수록 악화될 뿐 조금도 나아지지 않았다. 비로소 폭력은 신의 영역 밖일지도 모른다는 생각이 들었다.

그는 기도 내용을 바꿨다, 아무것도 바라지 않으니, 하루빨리 어른이 되게 해달라고 빌었다. 세월은 흐르면 모든 게 다 좋아질 거라고 믿었다. 아니, 그렇게 믿고 싶었다.

기도가 통한 걸까. 그의 바람대로 세월이 흘러서 성인이 되었다. 그러나 마음속 상처는 조금도 아물지 않았다. 그는 면접에서 여러 차례 고배를 마신 뒤, 어렵사리 중견기업 마케팅 부서에 입사했다. 그러나 문제는 업무가 아니라, 대인관계였다.

사람들의 눈을 정면으로 쳐다보지 못했고, 누군가 큰 소리라도 지르면 반사적으로 몸을 움찔했다. 작은 목소리로 대화를 나누면 자신에 대해 비난하는 음성이 환청처럼 들렸고, 동료들과 함께 점심을 먹으면 소화가 되지 않았고, 회식 자리에 가면 심장이 두근거리면서 식은땀이 흘러내렸다.

결국 1년도 채우지 못하고 사직서를 냈다. 그 뒤로 두 번 더 직장을 옮겼지만 상황은 조금도 개선되지 않았다. 결국 그는 자신의 방으로 돌아왔다.

처음에는 웹툰을 보다가 자신의 학교 폭력 경험을 소재 삼아 웹툰을 그리기 시작했다. 몇 차례 시행착오를 겪기는 했지만 데뷔작을 완성할 수 있었다. 반응은 가히 폭발적이었다. 용기를 얻은 그는 두 번째 작품을 냈고, 세 번째 작품을 냈다. 독자들이 원하는 작품을 그리기도 하고, 스토리 작가와 협업도 하다 보니, 웹툰 작가로 자리 잡을 수 있었다.

어느덧 30년 가까운 세월이 흘렀지만 그는 여전히 학교 폭력에 시달리고 있다. 대인기피증이 심해서 결혼도 포기했고, 대화를 나눌 변변한 친구조차 없다. 주말이 되면 뭘 해야 할지를 몰라서 방 안을 초조히 서성이곤 한다.

마음 같아서도 공원에서 바람도 쐬며 스케치도 하고 싶고, 카페에 앉아서 음악을 들으면서 느긋하게 차도 마시고 싶지만 누군가 자신에게 말을 걸거나 시비를 걸까 두렵다. 그는 더 늦기 전에 정신과 상담을 받아볼까 심각하게 고민 중이다.

정신과 의사이자 정신 분석가인 노먼 도이지는 '신경가소성' 분야의 세계적인 권위자로서, 경험과 훈련을 통해 뇌의 구조와 기능을 스스로 변화시킬 수 있다는 혁명적인 개념을 대중에게 널리 알렸다. 《스스로 치유하는 뇌》는 빛, 소리, 진동, 움직임 등 다양한 감각 자극을 통해 뇌의 스스로 치유하는 능력을 활성화하여 만성 통증, 파킨슨병, 뇌졸중, 자폐 스펙트럼장애 등을 치유한 놀라운 사례들을 소개하고 있다.

'세월은 약'이라는 말은 절반은 맞고 절반은 틀렸다. 세월이 흐르면 낫는 상처도 있지만 치료하지 않으면 세월이 흐를수록 점점 깊어지는 상처도 있다. 외상 후 스트레스장애, 어린 시절의 트라우마, 받아들이지 못한 사별 등이 대표적인 예다.

억압된 감정과 축적된 스트레스는 사라지지 않고, 뇌와 신경계에 영향을 미치며 우리의 몸과 마음에 흔적을 남긴다.

불편한 경험은 뇌의 '감정 경보 장치'인 편도체에 강렬하게 기록되고, '기억 저장소'인 해마에 마치 지워지지 않는 낙인처럼 새겨진다. 그러다 보니 시간이 흐른 뒤에도 비슷한 상황에

처하거나, 비슷한 자극을 받으면 과거의 고통이 생생하게 되살아난다.

말 그대로 '세월이 약'이 되기 위해서는 상처를 방치해서는 안 된다. 회복탄력성을 키우고, 뇌의 신경가소성을 적극적으로 활용하기 위한 노력이 전제되어야 한다.

오래된 상처를 극복하기 위한 네 가지 기술적인 방법을 소개하니, 스스로 상처를 치유하는 데 도움 되었으면 하는 바람이다.

★

하나, 감정 표현하기

자신이 느끼는 불편한 감정을 정확히 인식하고, 이를 말로 표현한다. 이는 불편한 감정을 편도체에서 전두엽으로 이전시키는 행위라 할 수 있다. 전두엽이 활성화되면 불편한 감정을 이성적으로 재구성할 수 있다.

감정을 그림으로 표현하거나, 판단하지 않고 들어줄 수 있는, 신뢰할 수 있는 지인에게 솔직하게 감정을 털어놓는 것도 좋은 방법이다.

둘, 불편한 감정 재구성하기

인지 재구성은 감정을 조율하는 데 탁월한 효과가 있다. 뇌는 사건 그 자체보다 그 사건에 대한 해석에 민감하게 반응한다.

전두엽의 이성적 사고를 활용하여 부정적 감정을 새로운 시각으로 해석한다.

"그 일이 나에게 주고자 했던 메시지는 무엇일까?"

"내 약점을 깨달을 수 있는 계기가 됐어."

긍정적인 해답을 추출해내고, 같은 생각을 반복하다 보면 불편한 감정을 불러왔던 사건에 대한 새로운 네트워크가 형성된다.

셋, 회복탄력성 높이기

불편한 감정을 불러오는 사건에 대한 원인을 파악하고, 긍정적인 측면을 찾아낸다. 재해석이 가능해지면 성장의 계기가 된다.

성장 마인드 셋은 불편한 감정을 극복하는 데 큰 도움이 된다. 나의 관점이 아닌 상대방의 관점에서 본다든가, 노력보다 과정을 중시한다든가, 새로운 일을 추진하기 위한 동기부여로 삼게 되면 불편한 감정에 대한 회복탄력성을 높일 수 있다.

넷, 신경가소성 활용하기

새로운 경험을 통해 즐거운 감정을 반복적으로 꾸준히 느끼게 되면 불편한 감정 네트워크는 점차 약화된다.

작은 목표 설정하고 성취하기, 취미 활동, 명상이나 요가, 봉사 활동, 규칙적인 운동 등은 보상 시스템을 자극해 긍정 네트워크를 새롭게 형성한다.

"시간은 치유의 한 요소일 뿐입니다. 진정한 치유는 우리가 시간을 어떻게 활용하느냐에 달려 있습니다. 과거를 놓아주고 상처를 해방시키는 선택을 할 때 비로소 치유가 가능합니다."
- 에디스 에거

세월은 적도 아니고, 아군도 아니다. 상처를 치유하기 위해서는 시간을 내 편으로 만드는 전략이 필요하다. 홀로코스트 생존자이고 심리학자인 에디스 에거의 말처럼 현명한 선택을 해야만 비로소 치유가 가능해진다.

상처를 치유하겠다는 의지와 현명한 선택을 할 용기가 있다면, 오래된 상처일지라도 치유할 방법은 얼마든지 찾을 수 있다.

심플한 삶은 쉽고 간단해 보여도 아무나 누릴 수 있는 삶은 아니다. 잡념을 불러오는 불편한 감정을 해소하고, 즐겁고 만족스러운 나만의 삶을 살겠다는 의지와 용기의 산물이다.

"어리석은 자는 멀리서 행복을 찾고
현명한 자는 자신의 발아래서 행복을 키워간다."

_제임스 오펜하임

CHAPTER 4

심플한 삶을 위해 필요한 자세

35
지금 그대로의
나를 받아들여라

시인이자 흑인이자 레즈비언이었던 오드리 로드는 "나 자신에 대해 스스로 받아들인 것은 이제 더 이상 나를 축소시킬 수 없다"라고 했다. 급진적 수용, 즉 우리가 바꿀 수 없는 것을 받아들이는 것은 패배주의가 아니다. 오히려 우리가 통제할 수 있는 것에 에너지를 집중할 수 있게 만드는 현명한 결정이다. 자신의 힘으로 바꿀 수 없는 것에 불필요하게 에너지를 낭비하지 않을 수 있기 때문이다.

- 안나 카타리나 샤프너, 《지쳤지만 무너지지 않는 삶에 대하여》 중에서

당신은 지금 그대로의 '나'를 얼마나 받아들이고 있는가? 혹

시 인정하고 싶지 않은 자신의 모습 때문에 힘들어하고 있지는 않는가?

40대 중반의 L은 응급의학과 의사이다. 수많은 환자를 치료하며 명성을 쌓아왔다. 그는 레지던트 시절에 신장병을 앓고 있는 환자에게 약물을 과다 투입해, 합병증으로 죽음에 이르게 한 적이 있었다. 환자가 고령인 데다 심각한 외상으로 피를 많이 흘린 상태여서, 병원 관계자를 제외하고는 그의 의료 과실을 알아채지 못했다.

병원에서도 그에게 어떤 책임도 묻지 않았다. 그러나 시간이 지날수록 죄책감은 심해졌고, 밤잠을 이루지 못하는 날도 늘어만 갔다. 그는 자신이 의사로서 완벽해야 한다는 압박감에 사로잡혔고, 그 때문에 더더욱 실수를 인정하기가 두려웠다.

몇날 며칠을 괴로워하다가 그 일 자체를 기억에서 지워나갔다. 응급실이 워낙 분주하게 돌아가다 보니, 그는 빠르게 기억을 통째로 지워버릴 수 있었다.

세월이 흘렀고, 얼마 전 그는 똑같은 실수를 저질렀다. 그는 자신의 어처구니없는 실수에 기가 막혔다. 아무리 생각해도 자신이 그런 실수를 했다는 사실이 믿기지 않았다.

이번에는 지난번과는 달리 환자가 젊고, 외상도 심하지 않았다. 가족들은 의료 과실을 물고 늘어졌고, 법정 소송으로 이어졌다.

상대측 변호사는 어디서 구했는지 그가 까맣게 잊고 있었던 레지던트 때의 과실을 증거자료로 제출했다. 충격을 받은 그는 처음에는 조작된 증거라며 완강히 부정했다. 그러나 재판이 진행되는 과정에서 점차 그때 일들이 조각난 파편으로 떠오르기 시작했다.

의사 면허를 박탈당할 수도 있다는 위기감이 들자, 그는 뒤늦게 자신을 부정했던 지난날을 후회했다.

'너무 오만했어. 내가 그때 의사도 실수할 수 있는 존재라는 사실을 솔직히 인정했더라면 일이 이렇게까지 악화되지는 않았을 텐데….'

영국 켄트대학교 문화사 교수인 안나 카타리나 샤프너의 《지쳤지만 무너지지 않는 삶에 대하여》는 인류 역사에서 피로의 의미를 되짚어보고, 번아웃의 근원을 탐구하며, 진정한 휴식과 안식이 무엇인지에 대해 깊이 있는 질문을 던진다.

심리학에서 '자기 수용'은 건강한 정신 상태와 밀접하게 연결되어 있다. 지금의 나를 있는 그대로 받아들이면 불필요한 내부 갈등을 줄이고 내면의 조화를 이룰 수 있다. 불필요한 스트레스가 감소해 창의성과 결단력이 높아지고, 에너지 자원을 더 중요한 문제를 해결하는 데 사용할 수 있다. 또한 '이상적인 나'와 '현실적인 나'의 간극에서 오는 심리적 부담이 감소해서, 심플한 삶을 살아가기 위한 심리적 안정감을 얻을 수 있다.

뇌는 자신에 대한 부정을 위협적인 상황으로 인식한다. 자신을 받아들이지 못하고 부정하게 되면 뇌는 자기 비판적인 생각들로 과부하 상태에 빠져, 더 많은 에너지를 소모하게 된다. 결국 스트레스 호르몬의 과도 분비로 인해 만성 불안을 초래할 수 있다.

자기 비난은 부정적인 정서와 비판적 사고를 강화해 자존감을 저하시키며, 이는 번아웃이나 우울증으로 이어질 수 있다.

자기 수용을 못할 경우 외부의 인정에 지나치게 의존하게 된다. 이는 과도한 비교, 타인의 기대에 자신을 맞추려는 행동으로 이어져, 더욱 삶을 복잡하고 혼란스럽게 만든다.

자신을 강하게 부정하게 되면 그 상태를 견디기 어려워, 아예 외면하거나 회피하려는 경향이 증가한다. 완벽주의에 매몰되거나, 자신의 부족함이나 약점이 드러날까 두려워 타인과의 관계를 회피하거나 고립을 선택할 수 있다. 이러한 현상은 개인의 발전 가능성을 제한한다.

그렇다면 지금 그대로의 나를 받아들이기 위한 방법에는 어떤 것들이 있을까? 여기서는 누구나 실천 가능한 네 가지 기술적인 방법을 소개한다.

★

하나, 자기 인식하기

자기 자신을 객관적으로 파악하고 감정, 욕구, 한계에 대해 솔직하게 인식하는 훈련을 한다. 이 과정에서 '전대상피질'이 활성화하게 되는데, 이는 자기감정을 조율하고 스트레스를 낮추는 데 도움 된다.

자기 인식을 위한 대표적인 방법으로는 감정 일기 쓰기가 있다. '내가 오늘 느낀 감정은 무엇일까?', '이 감정이 싹튼 원인이 무엇일까?' 등을 어떤 상황에서 어떤 기분이 들었고, 자신이 어떻게 반응했는지를 세세히 기록하다 보면 자기 인식을 높일 수 있다.

둘, 자신에게 친절하기

자신의 실수나 실패, 약점 등을 비난하지 말고 그대로 수용한다. '자기 연민'으로써 자기 수용의 핵심이라 할 수 있다.

"괜찮아. 나는 언제든지 실수할 수 있는 인간이야. 지금은 조금 부족해도 열심히 살다 보면 점점 좋아질 거야."

자신을 스스로 안아주거나, 자신에게 따뜻한 말로 친절을 베풀면 뇌에서 신뢰 호르몬인 옥시토신이 분비되어, 심리적 안정감을 유지할 수 있다.

셋, 현재 순간에 집중하기

생각, 감정, 신체 상태를 온전히 받아들이는 마인드풀니스 명상을 한다. 잡념을 잠재우고 부정적인 자기 평가로부터 벗어나게 해준다.

하루에 5분이라도 편안한 자세에서 호흡에 집중하며, 떠오르는 생각을 판단하지 않고 관찰하는 연습을 한다.

넷, 긍정적인 언어로 자기 대화하기

뇌는 믿는 대로 작동한다. 자신과 대화하는 방식은 자기 이미지에 큰 영향을 미친다. 부정적인 언어 대신에 긍정적인 언어를 반복적으로 사용해서 자신과 대화한다.

거울을 볼 때마다 "나는 충분히 잘하고 있어", "나는 가치 있는 사람이야"라고 말한다. 이러한 대화는 뇌의 보상 시스템을 활성화하여 긍정적인 감정관리를 돕는다. 뇌에 이런 말들을 꾸준히 들려주면, 뇌는 이를 실제로 증명하기 위해서 움직인다.

> "네 모습 그대로 미움받는 것이 너 아닌 다른 모습으로 사랑받는 것보다 낫다."
> - 앙드레 지드

지금 그대로의 나를 받아들이면 뇌의 효율성이 높아져 심리적 안정감과 함께 생산성을 촉진할 수 있고, 삶의 질을 높일 수 있다. 소설, 일기, 수필, 희곡 등 다양한 문학 형식으로 자신의 사상을 표현했던 20세기 프랑스 문학의 거장인 앙드레 지드의 말처럼, 타인의 시선에 얽매이기보다는 있는 그대로의 나 자신을 사랑해야 한다.

 심플한 삶이란 심플한 사고에서부터 출발한다. 지금 그대로의 나를 수용할 때, 우리는 비로소 번잡한 삶에 작별을 고할 수 있다.

36
알아두면 유익한
생각 정리의 기술

> 네이딘은 자신이 집중력에 관한 핵심 사실을 발견했다고 믿었다. 그 사실은, 평상시 주의를 기울일 수 있으려면 반드시 안전하다고 느껴야 한다는 것이다. 집중하려면 시야에서 곰이나 사자, 또는 현대의 위험물을 찾는 머릿속 부위의 전원을 끄고 하나의 안전한 주제로 빠져들 수 있어야 한다.
>
> - 요한 하리, 《도둑맞은 집중력》 중에서

당신의 머릿속은 잔잔한 호수처럼 평화로운가? 경찰서 유치장처럼 온갖 잡범으로 시끌벅적한 상태는 아닌가?

대기업에 다니는 40대 후반의 N은 기획실 부장이다. 요즘 그의 하루하루는 전쟁터와 다름없었다. 그는 아내와 이혼 소송 중인데 양육권 문제로 팽팽하게 대치하고 있어서 생각만 해도 골머리가 지끈거렸다.

또한 이혼이 시작될 때 그가 나가 살기로 합의해서 살 집도 새로 구해야 했다. 문제는 양육권 소송이 끝나지 않은 상태라서 몇 평짜리 집을 구해야 할지 쉽게 판단을 내릴 수 없었다. 거기다가 회사에서는 중요한 프로젝트에 대한 책임을 짊어지고 있었다. 믿고 맡길 만큼의 역량 있는 팀원이 없어서 사소한 부분까지 직접 챙겨야 했다.

그 외에도 중학교 동창 산악회 총무로서, 등산 코스를 물색하고 뒤풀이 식당을 예약하는 한편, 기념품 선정과 주문까지 처리해야 했다. 평상시라면 심심풀이 삼아 처리할 수 있는 소소한 일이었다. 그러나 머릿속이 터질 것만 같은 지금의 상태에서는 상당한 압박감으로 다가왔다.

하루가 어떻게 갔는지도 기억나지 않았다. 멍하니 앉아 있다 제정신을 차리고 주변을 둘러보니, 다들 퇴근한 뒤였다. 그는 차를 몰고 귀가하다가 끼어드는 차량을 뒤늦게 발견하는 바람에 접촉 사고를 냈다. 보험 회사에 연락하고, 경찰서에 들러 조사까지 마치고서야 집에 돌아올 수 있었다.

아내는 안방에서 내다보지도 않았다. 머리도 무겁고 몸도 천근만근이었다. 그는 두통약을 먹고 잠자리에 들었지만 이런저런 잡념만 스쳐 지나갈 뿐 잠도 오지 않았다.

잠깐 눈을 붙였다가 휴대폰 벨소리에 잠에서 깨어났다. 시계를 보니 아침 10시가 조금 넘은 시간이었다.

"부장님, 어디 아프세요? 오늘 중요한 계약이 있는데, 저희끼리 나가요?"

"뭐? 오늘 토요일 아냐?"

"오늘 금요일인데요?"

그는 깜짝 놀라서 휴대폰을 들여다보았다. 오늘 처리해야 할 일정들이 빠르게 밑으로 흘러내렸다.

"아, 내가 착각했어! 먼저 출발해, 나는 계약 장소로 곧바로 갈게!"

그는 통화를 끝내고 재빨리 옷을 입기 시작했다.

'내가 요즘 왜 이러지? 한 번도 이런 적이 없었는데….'

곰곰이 생각해보니 이번 주 내내 제정신이 아니었다. 어쩌면 지칠 대로 지쳐버린 뇌가 쉬고 싶은 욕심에 금요일을 토요일이라고 믿어버린 건지도 몰랐다.

영국 출신의 저널리스트이자 작가인 요한 하리의 《도둑맞은 집중력》은 현대인의 집중력이 어떻게, 왜 붕괴하고 있는지 심층적으로 탐구하고 있다. 200명이 넘는 과학자, 신경과학자, 심리학자와의 인터뷰와 방대한 연구 자료를 바탕으로 스마트폰 중독, 멀티태스킹, 수면 부족, 정보 과부하, 만성 스트레스, 환경

오염, 식단의 변화, 교육 시스템의 문제 등 12가지에 달하는 요인들이 우리의 집중력을 훔쳐가고 있다고 주장한다.

일부 신경학자들은 스마트폰과 인터넷의 보편화로 정보 접근성이 높아지면서 인간의 뇌는 하루 평균 35,000번의 결정을 내리는데, 이로 인해 정보 처리 용량의 60% 이상이 소모된다고 주장한다. 과부하 상태의 뇌가 집중력을 잃는 것은 어쩌면 당연한 결과이다.

우리가 깨어 있는 동안 뇌는 수많은 자극과 정보를 처리한다. 하지만 뇌의 '작업 기억' 용량은 제한적이며, 동시에 4~7가지 정보만을 처리할 수 있다고 알려져 있다. 생각이 정리되지 않을 경우, 불필요하거나 혼란스러운 정보들이 작업 기억을 점유해, 정작 중요한 일은 소홀히 처리하게 된다.

심플한 삶의 핵심은 중요한 것과 그렇지 않은 것을 구분하여, 에너지를 중요한 일에 집중하며 살아가는 데 있다.

정리되지 않은 생각은 끊임없이 과거의 후회를 불러들이거나, 미래에 대한 걱정을 끌어들인다. 결국 뇌기능이 저하되면서 집중력과 판단력이 떨어지고, 불안과 걱정이 증폭된다. 이런 상태가 장기화되면 해마의 크기가 줄어들고, 기억력과 학습 능력이 저하된다.

처리할 정보가 많아지면 우선순위에 혼란이 와서 '결정 마비'가 오거나 잘못된 결정을 내릴 가능성이 커진다. 또한 미처 정리되지 못한 잡념들은 감정 조절 능력 약화를 불러와, 강한 부정적 감정으로 발현되기도 한다.

알아두면 유익한, 심플한 삶을 위한 생각 정리의 기술 네 가지를 소개한다.

★

하나, 외부화하기

작업 기억의 용량은 제한적이므로, 생각을 외부로 옮겨놓는 과정이 필요하다. 한정된 인지 자원을 사용하는 뇌의 부담을 줄여줄 수 있어서, 자신의 생각을 명확하게 바라볼 수 있다.

가급적이면 종이와 펜을 사용한다. 노트 앱이나 마인드맵 같은 소프트웨어보다는 종이와 펜 사용이 뇌 활성화에 더 효과적이라는 연구 결과도 있다.

시간제한을 두고 떠오르는 모든 생각을 적되, 생각의 형태나 내용에 구애받지 않는다. 이는 '브레인 덤프(brain dump)'라고 하는데, 단순히 머릿속에 있는 것을 노트로 옮김으로써 뇌의 작업 기억을 초기화할 수 있다.

둘, 카테고리별로 분류하기

뇌는 패턴을 통해 정보를 이해하는 데 최적화되어 있다. 무질서한 생각을 카테고리별로 정리하면 우선순위를 더 명확히 할 수 있다.

적어놓은 생각들을 네 가지로 분류해서 나눈다. 중요하고 긴급한 일, 중요하지만 긴급하지 않은 일, 긴급하지만 중요하지 않은 일, 중요하지도 긴급하지도 않은 일로 분류한다.

아이젠하워 매트릭스의 방식을 활용해서 메모를 분류하면, 생각의 우선순위를 심플하게 시각화할 수 있다.

셋, 우선순위 정하기

카테고리 별로 분류한 우선순위와 현실적으로 처리해야 할 일의 우선순위가 다를 수 있다. 긴급성, 중요성, 영향력 등을 고려해서 하나씩 처리해야 할 순서대로 순위를 정한다.

우선순위를 명확히 설정하면, 통제력을 회복하고 정서적으로 안정된 상태에서 문제를 체계적으로 해결할 수 있다.

넷, 스케줄 다이어트하기

하루 스케줄을 정했다면 뺄 수 있는 일은 최대한 제거한다. 모든 일을 직접 처리하는 것은 비효율적이다. 타인이 대신 해도 되는 일은 일임하고, 하면 좋지만 안 해도 되는 일은 제외한다. 또한 동선과 중요성, 시간 등을 고려해서 몰아서 처리할 수 있는 일은 하나로 묶는다.

스케줄을 다이어트하면 심적 부담감이 줄어들어서, 집중력과 판단력을 높일 수 있다.

"지혜를 얻으려면 매일 하나씩 버려라."
- 노자

정보 과잉 시대를 살아가는 현대인에게 생각 정리 기술은 반드시 익혀야 할 기술이다. 우주의 근본 원리를 담은 《도덕경》의 저자이기도 한 노자는 비움과 성찰의 중요성을 깨닫게 해주는 통찰의 메시지를 세상에 던지고 있다.

심플한 삶을 살고 싶다면 비우는 데 익숙해져야 한다. 불필요한 생각들을 비워낼 때, 우리는 비로소 중요한 것에 집중함으로써, 심플한 삶의 본질에 다가갈 수 있다.

37
여백을
사랑하라

여백이 있는 방은 빛으로 채워진다. 물건이 거의 없는 방에서는 찻잔 하나도 존재감을 가진다. 책 한 권이나 친구의 얼굴도 마찬가지다. 여백이 있는 공간에서는 모든 게 작품이 되고 매 순간이 소중한 시간이 된다.

— 도미니크 로로, 《심플하게 산다》 중에서

당신의 삶에는 여백이 있는가? 집에 들어서면 이미 익숙해져서 존재감마저 사라진 수많은 물건이 당신의 피곤한 뇌를 더 복잡하게 만들고 있지는 아니한가?

세간에 자주 회자되는 IT 성공 신화의 주인공인 40대 후반의

P는 새벽 4시에 하루를 시작한다. 맑은 정신으로 중요한 업무를 처리한 뒤, 간단히 아침을 먹고 사무실에 출근하면 8시이다.

근래 들어 실적이 악화되고 있어서 그는 위기의식을 느끼고 있다. 중요한 일은 직접 챙기다 보니 그의 하루는 숨 가쁘게 돌아간다. 해외 파트너와 화상회의, 임원회의, 새로운 사업 검토, 업계 동향 파악, 자금 흐름, 인사이동까지 신경 쓰다 보면 순식간에 하루가 지나간다.

그날도 그는 업무를 처리하느라 밤늦게 귀가했다. 소파에 기대서 잠시 휴식을 취하다가 주변을 둘러보았다. 고급 카펫, 골프채, 진열장 속의 수많은 양주, 최신 전자제품, 금전을 불러온다는 동물 조각상과 화초, 세계적으로 명성 높은 화가의 그림 등등 하나같이 값지고 귀한 물건들이 주변을 에워싸고 있었다.

그러다 문득, 한 가지 의문이 떠올랐다.

'저것들이 나에게 어떤 가치가 있는가?'

모든 것이 차고 넘쳤지만 하나씩 들여다볼수록 깊은 공허감을 느꼈다.

그는 옥탑방에 살 때 지금의 회사를 창업했다. 방에는 이불, 사무용 책상, 의자, 노트북 하나가 전부였다. 밤늦게까지 일하다가 잠시 쉴 때면 밖으로 나와서 밤하늘의 별을 올려다보거나, 화려한 불빛으로 뒤덮인 도시를 내려다보았다.

"그 시절의 삶은 단순했지만 충만했어. 아이디어도 차고 넘쳤지! 그런데 아이러니하게도 이런저런 물건들로 채워지면서 충만함은 사라지고, 공허감이 들어섰어."

결핍은 아이디어의 원천이었다. 하지만 세월과 함께 결핍이 채워지면서, 그의 아이디어 또한 자취를 감추었다.

그는 주변의 물건들을 일별하고는 눈살을 찌푸렸다. 물건을 사들일 때 느꼈던 성취감이나 기쁨은 감쪽같이 사라져버리고, 남은 것은 주체하지 못한 허영심뿐이었다. 마치 삼국지의 계륵 같아서 버리자니 아까웠고, 그렇다고 그대로 놓아두자니 체한 듯 가슴이 답답했다.

도미니크 로로는 일본에서 오랜 기간 거주하면서 선불교와 동양철학에서 깊은 영향을 받은 프랑스의 수필가이다. 《심플하게 산다》는 인간의 삶을 물건, 몸, 마음이라는 세 가지 영역으로 나누어서, 불필요한 것들을 덜어내고 본질에 집중함으로써 진정한 자유와 행복을 얻는 실천 방법을 제시하고 있다.

물질의 소유는 어느 정도까지는 필요를 충족시키고 안정감을 제공한다. 그러나 심리학자들의 연구에 의하면, 특정 임계점을 넘어서면 선택의 과잉 및 심리적 부담감을 초래해, 오히려 스트레스를 증가시킨다.

심플하고 충만한 삶을 위해서는 물리적인 공간뿐만 아니라 시간, 생각, 관계에서도 여백이 필요하다. 여백은 단순히 비어 있는 공간이 아니라 새로운 가능성을 품고 있으며, 내면의 목소리에 귀를 기울일 수 있고, 삶의 아름다움을 발견할 수 있는 소중한 공간이다.

현대인은 스마트폰, 인터넷, 각종 전자 기기 등의 사용으로 정보 과부하 상태에 놓여 있다. 끊임없는 자극으로 인한 스트레스로 기억력과 집중력은 약화되고, 창의성은 억제된다. 심리학에서는 이러한 상태를 '인지 과부하'라고 부르는데, 여백이 있는 삶은 뇌에 안정적이고 정돈된 상태를 제공함으로써, 정신적 피로감을 완화하여 뇌의 정상적인 활동을 돕는다.

물건에 대한 집착을 버리고 최소한의 물건으로 살아가는 삶의 방식을 추구하는 대표적인 미니멀리스트인 사사키 후미오는 《나는 단순하게 살기로 했다》에서 물건을 줄이면 주의 집중이 용이해져서 인지 자원을 중요한 결정에 사용할 수 있다고 말한다.

뇌과학자들의 연구에 의하면 '디폴트 모드 네트워크'는 명상, 멍때리기, 산책 같은 활동을 할 때 활성화되는데, 창의적인 아이디어를 떠올리고 문제를 해결하는 데 필수적인 역할을 한다. 즉, 여백의 시간을 통해서 우리는 더 깊고 본질적인 통찰력을 얻을 수 있다.

또한 긍정심리학자인 마틴 셀리그만은 끊임없이 무언가를 성취해야 한다는 압박에서 벗어나 정신의 여백을 만들어서, 자연스러운 흐름에 자신을 맡길 때 심리적 안정과 만족을 느낄 수 있다고 한다.

　여백이 있는 삶은 단순히 무언가를 덜어내는 것이 아니라, 우리 삶에서 진정으로 중요하거나 가치 있는 것들에 집중하게 만드는 삶의 기술이다. 여백 있는 삶을 살아가기 위한 다섯 가지 기술적인 방법을 소개하니, 적극 활용하길 권한다.

★

하나, 물리적 여백 / 미니멀리즘 적용하기
　물리적 공간의 혼란은 심리적 혼란으로 이어진다. 무질서한 환경은 스트레스와 불안을 증가시키는 반면, 깨끗하고 간결한 환경은 뇌에 안정감을 제공한다.
　매일 10분씩 집안의 불필요한 물건을 정리한다. 1년 동안 사용하지 않은 물건은 폐기하고, 정리가 애매한 물건은 '이 물건이 나에게 가치를 주는가?'라고 질문한 뒤 답을 찾는다. 꼭 사고 싶은 물건이 있다면 일주일 뒤에 사되, 불필요한 물건 하나를 폐기 처분한다.

둘, 시간적 여백 / 휴식과 비움의 습관 만들기
　'번아웃 증후군'은 과로와 압박감으로 인해 발생한다. 여백의 시간은 신체적, 정신적 에너지를 회복시켜 번아웃을 방지하고 뇌의 피로를 해소한다.

하루에 30분 동안 아무런 목표도 없이 멍하니 시간을 보낸다. 멍 때리기, 짧은 낮잠, 음악 감상, 명상, 요가 등을 하면서 시간을 보낸다. 이때는 반드시 디지털 디톡스를 실행한다.

불필요한 활동은 줄이고 중요한 활동 위주로 생활화면서, 소중한 사람들에게 시간을 투자하는 삶의 루틴을 만든다.

셋, 정신적 여백 / 생각의 단순화

인지행동 치료에서는 과도한 생각이 불안을 유발하는 주요 요인으로 본다. 생각을 단순화하고 쓸데없는 걱정을 줄이면 마음 속 여백을 확보할 수 있다.

의사결정으로 인한 피로를 줄이기 위해서 옷을 단순화하고, 정해진 시간에 식사하고, 운동을 하는 습관을 기른다. 고민이 떠오르면 바로 노트에 기록한 뒤 잊어버린다.

넷, 관계적 여백 / 인간관계에 최적화된 거리 두기

인간관계는 행복에 중요한 영향을 미친다. 그러나 중요성이 떨어졌거나 불필요한 관계라고 해서 억지로 정리할 경우 스트레스만 증가한다. 이럴 때는 관계에 적절한 여백을 둘 필요가 있다.

에너지가 소모되는 관계, 만나고 나면 후회되는 관계는 과감히 거리를 둔다. 만남의 빈도와 온라인 소통을 점차 줄여나간다. 정확히 어떤 관계인지 애매할 경우에는 헤어지고 나서 "오늘의 만남이 나에게 어떤 가치를 주는가?" 하고 자문해본다.

다섯, 자연에서의 여백 찾기 / 환경이 주는 치유 효과

환경 심리학자인 스티븐 캐플란과 레이첼 캐플란의 '주목 회복 이론'은 지속적인 집중으로 인해 발생하는 정신적 피로는 자연 환경과의 상호작용을 통해 회복될 수 있다는 것이다.

매주 자연 속에서 산책을 즐긴다. 그마저도 어렵다면 실내에서 식물을 기르거나 자연의 소리를 즐겨 듣는다. 자연 사진이나 자연 다큐멘터리를 감상하는 것도 하나의 방법이다. 이는 명상과 같은 효과가 있어서 뇌의 스트레스 반응을 낮추고, 창의력을 활성화한다.

> "불필요한 것을 제거하라. 여백이 있어야 비로소 중요한 것이 보인다."
>
> -조지 카르사르

여백은 뇌의 평온을 되찾아 집중력과 창의력을 높여 삶의 만족도를 향상시킨다. 크로아티아 출신의 미니멀리즘 라이프 스타일 코치이자 작가인 조지 카르사르의 말처럼 여백을 만드는 행위가 곧 삶의 본질을 꿰뚫어 보는 지혜이다.

인간의 욕구는 밑 빠진 항아리와 같다. 물질을 채우면 채울수록 마음속 허전함은 커져만 간다. 여백이 있는 삶은 결핍된 삶이 아니라 만족하는 삶이요, 우아한 삶이다.

38

충분함을
발견하는 지혜

모든 의욕은 욕구에서, 즉 결핍이나 고뇌에서 생긴다. 이 욕구는 충족되면 끝난다. 하지만 하나의 소망이 성취되더라도 적어도 열 개의 소망은 이루어지지 않고 남는다. 더구나 욕망은 오래 지속되고, 요구는 끝없이 계속된다. 즉, 충족은 짧은 시간 동안 불충분하게 이루어진다. 그런데 심지어 최종적인 충족 자체도 겉보기에만 그럴 뿐, 소망이 하나 성취되면 즉시 새로운 소망이 생긴다. 의욕한 대상을 얻지 못하면 확고하고 지속적인 충족을 얻을 수 없다.

- 아르투어 쇼펜하우어, 《의지와 표상으로서의 세계》 중에서

당신의 만족의 눈높이는 어디까지인가? 물질적인 풍요를 얻기 위해서 관계의 소중함을 잊고 있거나, 원하는 결과를 얻지 못해서 좌절감에 빠져 있지는 않는가?

대기업에 다니는 30대 후반의 B는 회사에서 촉망받는 핵심 인재이다. 명문대 출신에 화려한 스펙을 자랑하는 그녀는 입사했을 때부터 많은 사람의 관심을 받았다.

재무팀에서 3년을 일했는데 재무실장이 기획실장으로 옮겨 가면서, 그녀를 발탁해서 함께 데려갔다. 처음 한동안은 헤매기도 했지만 빠르게 업무에 적응해 나가면서, 회사의 주요 프로젝트를 도맡다시피 했다.

"와, 그 어려운 걸 또 해내셨네!"

"백 과장님, 정말 대단하시네요. 탱크 같은 놈들에게서 어떻게 협상을 이끌어내셨어요?"

주변에서는 입을 모아 칭찬했지만 정작 그녀는 만족하지 못했다. 상대편에서는 원자재 가격 상승으로 7% 인상안을 요구했다. 그러나 그녀는 긴 협상 끝에 3% 인상안에 최종 서명했다. 회사 관계자들은 결과에 만족했지만 그녀는 아니었다.

'전략을 좀 더 잘 세웠더라면 2%도 가능했는데….'

축하를 빙자한 회식 자리에서도 그녀는 협상 과정에서 저질렀던 자잘한 실수를 떠올렸고, 완벽하게 마무리하지 못한 자신을 책망했다.

그녀는 '모든 일을 완벽하게 해내야 한다'는 이분법적 사고에 갇혀 있었다. 심리학에서 이는 '완벽하지 않으면 아무것도 아니다(all-or-nothing)'라는 인지 왜곡으로, 작은 실수를 과도하게 확대해 해석하는 특징이 있다.

쇼펜하우어는 19세기 독일의 염세주의 철학자로서 그의 독창적인 사상은 후대 철학, 문학, 예술, 심리학 등 다양한 분야에 깊고 폭넓은 영향을 미쳤다. 《의지와 표상으로서의 세계》는 쇼펜하우어만의 독특한 형이상학적 체계를 심도 있게 논하며, 세계의 본질을 '의지'와 '표상'이라는 두 가지 근본적인 개념을 통해 설명하고 있다.

《의지와 표상으로서의 세계》에서 쇼펜하우어는 인간의 욕망이 끝없이 순환하며 고통을 낳는다고 보았지만, 현대 심리학은 '만족의 눈높이 조절'로 이러한 악순환을 해결할 수 있음을 증명했다.

심리학자들은 '쾌락적 적응'이란 개념으로, 인간이 새로운 소유물이나 성취를 얻었을 때의 만족감이 시간이 지나면서 감소하는 경향을 설명한다. 예를 들면, 새로운 차를 구매하거나 직장에서 승진했을 때 처음에는 큰 행복을 느끼지만 이내 그 상태에 익숙해지고, 더 많은 것을 욕망하게 된다. 이는 행복을 유지하기 위해 끊임없이 더 많은 것을 원하게 만드는 악순환을 초래한다.

이와 유사한 이론이 '헤도닉 트레드밀'이다. 긍정적이거나 부정적인 주요 사건이나 삶의 변화를 경험한 후에도 결국에는 예전 수준의 행복 또는 불행으로 빠르게 되돌아가는 경향을 의미한다. 마치 쳇바퀴를 달리는 것처럼, 아무리 노력해도 행복 수준은 제자리로 돌아온다는 것이다.

심리학자들은 인간의 뇌는 적응 능력이 뛰어나서 물질적인 풍요나 외부적인 성취만으로는 지속적인 행복을 얻기 어렵다고 입을 모아 말한다. 따라서 행복 연구자들은 '쾌락적 적응'이나 '헤도닉 트레드밀'에서 벗어나기 위한 방법으로 경험에 투자하기, 긍정적인 관계 유지하기, 감사하는 마음 갖기, 의미 있는 목표 추구하기, 마음 챙김 연습하기 등을 제안한다.

또한 만족의 기준을 성과나 소유와 같은 외부적인 요인에서, 과정이나 감사와 같은 내부적인 요인으로 옮길 것을 권하고 있다.

행복은 종종 기대치와 현실 간의 격차에 의해 좌우된다. 높은 기대치는 실망과 불만을 초래하지만, 기대치를 낮추면 현실에서 얻는 만족감이 상대적으로 커진다. 이는 작은 성취나 긍정적인 경험에도 쉽게 감사할 수 있게 만들어 행복감을 증진시킨다.

만족의 눈높이를 낮추면 쾌락적 적응의 영향을 최소화하면서, 지금 갖고 있는 것들에 대한 가치를 재발견하게 된다. 욕망의 끝없는 순환에서 벗어나는 첫걸음이라 할 수 있다.

그렇다면 충분함을 발견하는 지혜를 기르는 방법에는 어떤 것들이 있을까? 일상에서 쉽게 실천 가능한 네 가지 기술적인 방법을 소개한다.

★

하나, 감사 일기 쓰기

매일 밤, 감사했던 일 세 가지를 찾아 기록한다.

긍정심리학의 대가인 마틴 셀리그만의 연구에 따르면, 매일 저녁 세 가지 이상 감사한 일을 기록하면 장기적으로 행복감이 강화되고, 부정적 감정은 감소되는 효과가 있다.

둘, 24시간 기다리기

사고 싶거나, 충동적으로 하고 싶은 일이 있으면 일단 24시간을 기다린다. 대개는 사라져버리지만 24시간 뒤에도 사고 싶거나 하고 싶다면 그때 가서 실행에 옮긴다.

도파민 시스템은 즉각적인 보상을 추구하는 경향이 있다. 그러나 이 과정을 지연시키면, 이성적 판단 영역인 전전두엽으로 결정권이 넘어가서, 충동적인 소비나 욕망에서 벗어나 현실적이고 합리적인 선택을 할 수 있다. UCLA의 연구에 따르면, 이 방법은 충동 소비를 30% 이상 줄이는 효과가 있다고 한다.

셋, 기준 재정립하기

원하는 것이 아니라 꼭 필요한 것만 리스트 목록에 적는다.

그것이 무엇인지 모르겠다면 "나의 행복한 삶을 위해 최소한의 것은 무엇인가?"라고 질문한 뒤, 답을 찾는다.

스스로 질문하고 답을 하는 과정에서 인생을 심플하게 살아가는 데는 많은 것이 필요하지 않다는 사실을 깨닫게 된다.

넷, 효율성 따져보기

업무를 좀 더 완벽하게 끝내고 싶은 욕구가 치밀 때는 효율성을 따져본다.

80% 정도 완성된 일을 100% 가깝게 완성하려면 두 배 이상의 시간이 들게 마련이다. 그만한 가치가 있는 일이라면 시간과 노력을 투자해야 하지만 별 차이가 없는 일이라면 스스로 만족하는 습관을 들여야 한다.

이밖에도 합리적인 목표 설정하기, 마감 시간 정하기, 완벽하지 않아도 괜찮다는 자기 대화를 하는 습관을 들이면 비효율적인 완벽주의에서 벗어날 수 있다.

> "행복은 결코 많고 큰 데만 있는 것이 아니다. 작은 것을 가지고도 고마워하고 만족할 줄 안다면 그는 행복한 사람이다."
>
> - 법정 스님

물론 예외도 있지만 사실 대다수가 행복한 사람이다. 그들이 불행하다면 실제로 불행한 것이 아니라, 충분함을 발견하는 지혜가 부족하기 때문일 가능성이 크다.

 무소유란 불필요한 소유에 대한 집착을 버리고, 소박하고 간결한 삶이라며 이를 몸소 실천했던 법정 스님. 무소유 정신을 통해 진정한 자유와 행복을 얻으라고 가르친 스님의 말씀처럼 행복은 이미 우리 안에 있다. 미처 우리가 발견하지 못했을 뿐이다.

 행복은 물질의 영역이 아니라 지혜의 영역이 아니겠는가.

39
나를 지키는 거절의 힘

> 자신을 표현하는 데 필요한 두 번째 요소는 느낌이다. 자신의 느낌을 명확하고 구체적으로 표현할 수 있는 어휘를 늘리면 우리는 좀 더 쉽게 서로 연결될 수 있다. 그리고 우리의 느낌을 표현함으로써 자신의 솔직한 내면을 인정하는 것이 갈등을 해결하는 데 도움이 될 수 있다. NVC에서는 느낌을 표현하는 말과 생각, 평가, 해석을 나타내는 말을 구별한다.
> - 마셜 B. 로젠버그, 《비폭력대화》 중에서

당신은 거절에 익숙한가? 제때 거절을 못해서 두고두고 후회하거나, 지나치게 완강하게 거절하는 바람에 관계가 어색해진

적은 없는가?

30대 중반의 H는 직장 내에서 'YES맨'으로 통했다. 그는 타인의 부탁을 거절하지 못하는 성격이어서, 상사나 동료들의 사소한 업무 지원부터 개인적인 심부름까지 도맡아서 했다. 그럼에도 싫다는 소리 한 번 내뱉지 않았고, 인상 한 번 찡그리지 않았다.

타인의 부탁을 들어주다 보니 정작 자신의 업무를 처리할 시간이 부족했다. 어쩔 수 없이 야근이나 주말 근무까지 하다 보니 번아웃 직전까지 내몰렸다.

그런데 놀랍게도 인사고과에서 최하위등급을 받았다. 대리 승진에서 탈락하자 충격 받은 그는 더 이상 호구 짓은 안 하겠노라고 다짐했다.

이튿날, 대학교 선배인 데다 그가 입사했을 때 선임이었던 박 대리가 다가왔다.

"바쁘지 않으면 이것 좀 잠깐 도와줘. 어려운 건 아니고…."

"바쁘니까, 다른 사람 알아보세요!"

그는 박 대리의 말이 채 끝나기도 전에 거절했다. 처음으로 해본 거절이었다. 몹시 당황했는지 박 대리는 입을 반쯤 벌린 채 석고상처럼 굳어 있다가 말없이 돌아섰다.

'내가 너무 심했나? 입사 초창기 때 많이 도와줬는데…. 아냐, 잘했어! 언제까지 호구로 살 수는 없어!'

그는 잠시 후회하기도 했지만 이내 마음을 다잡았다.

그날 이후로 사무실 분위기가 냉랭해졌다. 박 대리뿐만 아니라 팀원들마저 그를 멀리했다. 점심 식사하러 우르르 몰려나갈 때도 같이 가자는 말 한마디 건네지 않았다.

그는 어렴풋이 뭔가 잘못됐음을 감지했다. 그러나 정확히 자신이 무엇을, 어떻게 잘못한 건지는 알 수 없었다.

미국의 심리학자이자 교육자인 마셜 B. 로젠버그의 《비폭력대화》는 인간의 본성에 대한 신뢰와 연민을 바탕으로 한 의사소통 모델을 제시한다. 이 방법은 언어를 통해 폭력을 줄이고, 연대감과 상호 존중을 증진시키는 데 효과적이다.

거절은 단순한 거부의 표현이 아니다. 거절은 자신에게 자율성과 자유를 부여하는 동시에, 타인에게 명확한 경계를 알림으로써 존중받는 삶을 살아가는 기술이다. 심리학자인 리처드 라자루스의 스트레스 이론에 따르면, 스트레스는 '우리의 자원'과 '우리가 처리해야 할 요구' 간의 불균형에서 발생한다. 따라서 감당하기 힘든 요구를 받아들이면 신체적, 정신적 피로를 초래한다.

거절은 과도한 요구를 차단함으로써 스트레스를 줄이고, 더 건강하고 쾌적한 상태를 유지할 수 있도록 돕는다. 우리는 한정된 시간과 에너지를 가진 존재이므로, 진정 중요한 일에 집중하는 것이야말로 삶을 단순하고 풍요롭게 만드는 길이다. 거절은 우리가 소중히 여기는 가치와 목표를 보호하는 일이기도 하다.

거절은 자존감과 자기 효능감을 높이는 데 기여한다. 이는 곧 '나는 나 자신과 내 삶을 존중한다'는 태도의 표현이다. 연구에 따르면, 거절할 때 전전두엽 피질이 활성화되며, 이는 좀 더 합리적인 사고, 충동 조절, 계획 수립 능력 등을 향상시킨다.

물론 처음에는 거절이 감정적으로 불편할 수 있다. 하지만 거절의 효용을 경험하고 나면 긍정적인 보상이 반복되어, 더욱 자연스럽게 거절할 수 있는 습관이 형성된다. 거절의 기술은 연습할수록 강화된다.

그렇다면 어떻게 거절하는 게 현명할까?

H의 사례로 돌아가자. 단순히 "바쁘니까, 다른 사람 알아보세요"라는 말로 거절하기보다, 비폭력 대화 4단계를 통해 관계를 존중하면서도 효율적으로 상황을 해결할 수 있다.

비폭력 대화(NVC)는 모두 4단계로 이루어져 있다.

★

1단계: 관찰

판단이나 평가 없이, 구체적인 상황과 행동을 중립적으로 서술한다.

실제) "박 대리님이 방금 저에게 오셔서 잠깐 도와달라고 말

쏨하셨죠?"(여기서 '어려운 건 아니고'라는 박 대리의 평가는 제외하고 객관적인 행동만 언급한다.)

2단계: 느낌

구체적인 감정을 표현한다. 이때, '바쁘다'는 생각이나 판단 대신, 솔직한 감정을 표현한다.

실제) "최근 야근이 잦아 피로감을 느끼고 있는 중에 부탁을 받으니 힘이 드네요."

3단계: 욕구

자신이 느끼고 있는 감정의 근본적인 이유인 욕구를 연결시킨다.

실제) "제 업무를 제때 마무리하고 나서 충분한 휴식을 취하고 싶은 것이 솔직한 제 심정입니다."

4단계: 부탁

이를 바탕으로 자신에게 필요한 대안을 상대방에게 정중히 요청한다.

실제) "죄송하지만, 지금은 제 업무에 집중해야 해서 박 대리님의 부탁을 정중히 거절해야 할 것 같아요. 다른 분께 도움을 요청해보시는 것은 어떨까요?"

거절은 단순히 "싫어요!"라고 말하는 것이 아니다. 거절 의견을 내놓을 때는 내가 왜 그렇게 말할 수밖에 없는지 상대방의 이해를 도울 필요가 있다.

특히, H가 박 대리의 말을 경청하지 않고 대화 중간에 말을 끊었던 행위는 상대방에게 불쾌감을 줄 수 있다. 경청은 상대방에게 존중받고 있다는 느낌을 줄 뿐만 아니라, 내가 하는 말에도 설득력과 신뢰를 부여한다.

충분히 경청한 뒤, 그 뒤에 천천히 거절해도 늦지 않다.

"박 대리님이 방금 저에게 오셔서 잠깐 도와달라고 말씀하셨죠? 최근 야근이 잦아 피로감을 느끼고 있는 중에 부탁을 받으니 힘이 드네요. 제 업무를 제때 마무리하고 나서 충분한 휴식을 취하고 싶은 것이 솔직한 제 심정입니다. 죄송하지만, 지금은 제 업무에 집중해야 해서 박 대리님의 부탁을 정중히 거절해야 할 것 같아요. 다른 분께 도움을 요청해보시는 것은 어떨까요?"

거절에도 요령이 있다. 핵심은 자신의 필요를 솔직하게 표현하되, 상대방을 비난하거나 평가하지 않고 존중하는 태도를 유지하는 것이다. 비폭력 대화는 이러한 균형을 잡도록 도와주어 건강한 관계를 유지하면서도 자신을 보호할 수 있다.

"나는 다른 사람에게 '아니오!'라고 말하는 것을 통해서 나 자신을 존중하는 법을 배웠다."

- 마일리 사이러스

거절은 경계를 확립하고, 내 삶의 주요 가치들에 집중할 수 있도록 돕는다. 미국의 싱어송라이터이자 배우인 마일리 사이러스의 말처럼 거절은 나 자신을 사랑하고 존중하는 사람만이 취할 수 있는 태도이다.

심플한 삶을 살고 싶다면 거절에 익숙해져야 한다. 거절은 숙련이 필요한 기술이다. 거절을 잘 못하는 성격이라면 오늘, 작은 것부터 시작해보자.

"오늘 점심은 혼자 먹을게요."

이렇게 말하는 것만으로도, 당신의 뇌는 자유를 학습하기 시작할 것이다.

40
온전한 나를
만나는 시간

> 고독은 단지 바람직할 뿐 아니라 전적으로 필요하다. 특히 너무 빨리 차오르는 감정과 지나치게 열정적인 상상력을 지닌 탓에 조용히 살아갈 수 없는 사람들, 인간과 사물 모두를 대상으로 끊임없이 비난을 퍼붓는 이들은 더욱 고독을 필요로 한다.
>
> – 요한 G. 치머만, 《고독에 관하여》 중에서

당신은 자신만을 위한 자유 시간이 있는가? 바쁘게 살다 보니, 살아온 날들 그 어디쯤에서 나를 잃어버린 건 아닌가?

대기업에 다니는 50대 중반의 S는 30년 경력의 베테랑 상사

맨이다. 업무 특성상 신경 써야 할 일도 많고, 제조업자와 바이어를 비롯해서 만나야 할 사람도 많다. 외국 출장도 잦고, 빈 시간을 이용해서 틈틈이 외국어 공부도 하다 보니 그야말로 쏜살같이 세월이 흘러갔다.

한눈팔지 않고 열심히 일한 덕분에 직장인의 별인 임원도 되었고, 집도 장만하고 아이들 교육도 시킬 수 있었다.

그런데 어느 날부터 극심한 피로감에다 체중도 줄어서 병원을 찾았다. 종합 건강검진 결과 당뇨병이라는 진단을 받았다. 혈압도 높고, 콜레스테롤 수치도 높아서 합병증을 불러올 가능성이 크다고 했다.

'어? 내가 원했던 중년 이후의 삶은 이게 아닌데…'
비로소 무언가 잘못됐다는 생각이 들었다.

그는 지적 호기심이 왕성했다. 특히 고고학에 관심이 많아서 이동하는 기차나 비행기에서 관련 서적을 읽곤 했다. 정년퇴직을 하고 나면 아내와 함께 페루의 마추픽추, 요르단의 페트라, 중국의 테라코타군단, 멕시코의 치첸이트사, 스코틀랜드의 스카라 브레이, 기자의 피라미드와 스핑크스, 폼페이와 헤르쿨라네움, 앙코르와트, 콜로세움과 로마포럼, 아크로폴리스와 델포이 등등을 둘러볼 계획이었다.

그는 의사의 권고대로 휴직하고, 운동과 식이요법을 병행하면서 약을 꾸준히 먹었다. 그러나 건강은 좀처럼 회복되지 않았다.

'어디서부터 잘못된 걸까?'

얼마 전까지만 해도 자신이 살아온 인생에 나름 자부심을 갖고 있었다. 그런데 몸이 병들자, 인생을 잘못 살아왔다는 후회감이 밀려들었다.

"아무리 바쁘더라도 나 자신을 좀 더 돌아봤어야 했어. 미래가 어떻게 펼쳐질지 모르는 불확실한 삶을 살면서, 내가 진정으로 중요하게 생각하는 가치는 뒷전으로 밀어놓다니…."

그는 자신이 잃어버린 것이 단순히 건강만이 아님을 알았다. 혼자만의 시간을 갖지 못한 사이에 자신의 진정한 가치와 삶의 방향을 잃어버렸다는 사실을 뒤늦게 깨달았다.

18세기 후반 유럽에서 명성을 떨친 스위스 출신의 의사이자 철학가인 요한 게오르그 치머만의 《고독에 관하여》는 당시 사회에서 부정적으로 여겨졌던 고독에 대해 자기 성찰, 창의성, 정신적 성장, 그리고 진정한 행복을 위한 필수적인 요소임을 역설한다. 단순한 철학에세이를 넘어, 인간의 본성과 행복의 의미에 대한 깊은 통찰이 담긴 고전으로 평가받고 있다.

고독은 외부의 소음이 사라진 상태에서 내면의 목소리를 듣게 한다. 심리학자 칼 융은 '고독은 무의식과의 대화'라면서, 혼자만의 시간이 자기 이해와 통합을 촉진한다고 강조했다.

우리는 혼자 있는 시간에 자신의 생각, 감정, 신념을 깊이 들여다볼 수 있다. 이러한 과정을 통해 가치관과 삶의 방향을 재정립하고, 흔들리지 않는 정체성을 확립하게 된다. 마치 나침반이 고요한 밤하늘 아래에서 방향을 찾듯, 우리는 고독 속에서 '진정한 나'라는 북극성을 발견한다.

혼자 있으면 외부의 자극이 사라지면서, '디폴트 모드 네트워크'가 활성화되어 창의성과 문제해결 능력이 향상된다. 이 과정에서 뇌 연결성이 강화되면서 신경가소성도 증진된다. 반면 스트레스 호르몬인 코르티솔 수치는 낮아져서 인지 과부하로 지친 뇌를 빠르게 회복시킨다.

심리학자 게리 클레인의 연구에 따르면, 사람들은 혼자 있을 때 '직관적 통찰(insight)'을 얻는 경향이 강하다. 혼자 있는 시간은 자신의 축적된 경험과 지식을 깊이 숙고하고 다양한 정보를 연결하며, 정신적 시뮬레이션을 심화하는 데 필수적인 환경을 제공한다. 이러한 내적 과정은 종종 예상치 못한 "아하!" 하는 깨달음의 순간, 즉 직관적 통찰로 이어져 새로운 아이디어나 문제해결의 실마리를 제공한다.

정보 과잉 시대를 살아가는 현대인에게 혼자 있는 시간, 즉 고독한 시간은 선택이 아닌 필수이다. 그렇다면 온전한 나를 만나는 시간을 확보하는 방법에는 어떤 것들이 있을까?

혼자만의 시간을 확보하려면 습관, 환경, 장기적인 계획이라는 세 가지 측면을 고려해야 한다. 여기서는 누구나 실천 가능한 세 가지 방법을 소개한다.

★

하나, 의무적인 시간 확보

아침 기상 후 30분이나, 저녁 식사 후 30분을 혼자만의 시간으로 지정한다.

우연하게 혼자 있는 시간이 생기기를 바라지 말고, 의도적으로 시간을 배치해서 그 시간을 최대한 사용한다. 스스로 한 약속이므로, 특별한 일이 없는 한 그 시간을 온전히 나만을 위해 사용한다. 그 시간에 음악 감상, 독서, 그림 그리기, 산책, 운동, 명상 등을 한다.

둘, 자연 속에서 시간 보내기

한 달에 한 번쯤은 주말이나 공휴일에 자연 속에서 혼자 시간을 보낸다.

등산을 하거나, 바닷가를 산책하거나, 숲길을 걷거나 하면서 한가한 시간을 보낸다. 동물원이나 식물원에서 시간을 보내거나, 벤치에 앉아 호숫가를 바라보는 것도 괜찮다. 이때 휴대폰 사용은 최대한 자제해서, 인지 과부하 상태의 뇌에게 회복할 시간을 준다.

셋, 휴가를 이용해서 중간 점검하기

10년에 한 번쯤은 한적한 장소로 혼자 휴가를 떠난다. 여행지를 둘러봐도 좋고, 숙소에서 혼자 산책하거나, 멍때리고 있어도 괜찮다. 이때는 반드시 디지털 디톡스를 실천한다.

'디폴트 모드 네트워크'가 활성화되기를 기다렸다가, '반추'를 활용해서 살아온 날들을 중간 점검하고, 불확실한 미래에 대한 걱정을 해결한 뒤 새로운 계획을 세운다.

자신이 인생을 제대로 살고 있는지 잘 모르겠다면 몇 가지 질문을 던져본다.

"내가 정말 원하는 삶을 살고 있는가?"

"내가 진정 소중히 여기고 있는 것들은 무엇인가?"

"지금 내 삶에서 가장 필요한 것은 무엇이고, 불필요한 것은 무엇인가?"

이러한 질문을 던지다 보면 진정한 나를 만나서, 깊이 있는 대화를 나눌 수 있다.

> "우리는 고독을 통해서만 진정한 나를 찾을 수 있다."
> - 요한 G. 치머만

내가 없는 삶이 무슨 의미가 있겠는가? 하노버 왕립 영국 병원 의사를 역임하고, 조지 3세와 프로이센의 프리드리히 대왕의 자문 의사로 활동할 정도로 의학적 명성이 높았던 치머만의 명언처럼 고독 속에서만 진정한 나와 대면할 수 있다.

혼자만의 시간은 잠깐의 휴식이 아니라, 성장을 위한 필수 과정이다. 고독은 삶을 명료하게 만들고, 혼란 속에서도 나침반 같은 역할을 한다.

왜 살아가야 하는지 모르겠다면 주저하지 말고 혼자 있는 시간을 확보하라. 어둡고 깊은 심연으로부터 나를 구해줄 사람은 바로 나뿐이다.

41

최상의 루틴을 찾아라

결과를 지속시키는 비결은 발전을 멈추지 않는 것이다. 일하는 것을 멈추지 않는다면 성과를 낼 수 있다. 운동을 그만두지 않는다면 건강을 얻을 것이다. 배움을 그만두지 않는다면 지식을 얻을 것이다. 저축을 멈추지 않는다면 부를 쌓을 것이다. 배려를 멈추지 않는다면 우정을 얻을 것이다. 작은 습관들은 더하기가 아니다. 그것들은 복리로 불어난다. 이것이 아주 작은 습관의 힘이다.

― 제임스 클리어, 《아주 작은 습관의 힘》 중에서

루틴은 삶의 자동화를 통해 복잡함을 줄여준다. 그렇다면, 당신만의 루틴은 무엇인가?

40대 후반의 G는 한때 웹 소설 분야에서 베스트셀러 작가였다. 고등학교 2학년 때 장난삼아 올린 글이 폭발적인 조회수를 기록하며 졸지에 작가가 되었다. 그 이후 대학 졸업까지 꾸준히 작품을 선보였다.

그러다 소재가 바닥날 무렵 취업했고, 얼마 뒤 결혼하고 아이들을 낳아 키웠다. 아이들이 대학에 들어가고 나자 그녀는 빈둥지 증후군으로 한동안 우울증을 앓기도 했다. 그러다 문득, 컴퓨터 앞에 앉아서 글을 쓰던 시절이 떠올랐고, 그 시절의 열정이 그리워졌다.

다시 글을 쓰려고 시도해보았지만 좀처럼 글이 써지지 않았다. 그녀는 기억을 더듬으며 왕성하게 글을 쓰던 시절의 루틴을 되살렸다.

제일 먼저 시작한 일은 인물 관계도를 그린 도화지를 벽에다 붙이는 일이었다. 그런 다음 포스트잇에다 주변 등장인물의 나이와 성격을 간략히 적어서 도화지 옆에 붙였다.

그녀는 예전처럼 새벽 3시에 일어나서, 커피를 한 잔 타서 마시며 컴퓨터로 글을 쓰기 시작했다. 글을 쓰다 막히면 초콜릿을 먹으며 방 안을 서성거렸다. 아침 7시까지 집중해서 썼고, 나머지 시간에는 책을 읽거나, 필요한 자료를 검색하거나, 외출을 했다. 외출할 때는 항상 노트와 펜을 지참했고, 아이디어가 떠오르면 그 즉시 메모했다.

왕성하게 활동하던 때의 루틴이 되살아나자 글도 속도가 붙기 시작했다. 50회 분량을 완성한 뒤 그녀는 작품을 계속 써 나가면서, 매일 한 편씩 연재를 시작했다. 필명도 바뀌고, 소재도 바뀌어서인지 예전처럼 폭발적인 인기를 끌지는 못했다. 그러나 연재가 거듭될수록 조회수도 꾸준히 올라갔다.

'어? 이러다가 다시 베스트셀러 작가가 되는 거 아냐?'

창작의 즐거움을 느끼기 시작한 그녀는 좀 더 좋은 글을 쓰기 위해서, 자신의 상황과 컨디션을 고려한 최상의 루틴을 찾고 있다.

미국의 베스트셀러 작가인 제임스 클리어의 《아주 작은 습관의 힘》은 작고 꾸준한 습관이 어떻게 놀라운 결과를 만들어낼 수 있는지에 대한 실용적인 방법을 소개한다. 목표 설정보다는 시스템 구축에 집중해야 한다며 분명하게 만들기, 매력적으로 만들기, 쉽게 만들기, 만족스럽게 만들기라는 '행동 변화의 네 가지 법칙'를 제시하고 있다.

루틴은 '반복적이고 자동화된 행동으로 이루어진 일정한 패턴이나 습관'을 의미한다. 루틴은 마치 잘 놓인 철길과 같다. 정해진 시간에 반복되는 행동들은 불필요한 고민과 에너지 소모를 줄여주고, 우리가 원하는 삶을 향해 꾸준히 나아가도록 돕는다.

수많은 결정을 내려야 하는 현대인의 삶은 한정된 인지 자원을 소모시켜, 인지 과부하를 불러온다. 잘 확립된 루틴은 일상적인 행동들을 자동화하여, 의사결정 피로를 방지하고 중요한 일에 집중할 수 있는 정신적 여력을 확보한다. 불필요한 결정 부담을 줄이기 위해 검정색 터틀넥을 고수했던 스티브 잡스나 경기 전마다 페페로니 피자를 먹었던 스즈키 이치로가 대표적인 예라 할 수 있다.

규칙적인 생활은 자기 통제력을 강화하고, 불확실성으로 인한 스트레스를 완화하는 데 도움 된다. 작은 성공들이 쌓여 자기 효능감이 높아짐으로써, 장기적인 목표를 향해 나아가는 힘을 키우게 된다.

최상의 루틴을 찾아야 하는 이유는 원하는 습관을 루틴의 일부로 만들면, 의식적인 노력 없이도 자연스럽게 그 행동을 지속할 가능성이 커지기 때문이다. 자주 반복되는 행동을 자동화하면 나머지 자원을 창의적인 사고나 감정적 안정, 문제해결 같은 중요한 작업에 사용할 수 있다. 즉, 의식하지 않아도 심플한 삶이 가능해진다.

그렇다면 어떻게 해야 최상의 루틴을 찾을 수 있을까? 여기서는 다섯 가지 현실적인 방법을 소개한다.

★

하나, 생체 에너지 패턴 확인하기

사람마다 생산성이 높은 시간대가 다르다. 자신이 '아침형 인간'인지 '저녁형 인간'인지 확인하고, 환경을 고려해 외부 소음이 적어서 집중력이 높은 시간대를 설정한다.

둘, 핵심 과제 선정하기

좋은 루틴은 과제가 간결하다. 과도한 계획은 실천력을 악화시킨다. 1~3가지의 핵심 과제를 정한다.

셋, 작은 변화부터 시작하기

한 번에 모든 것을 바꾸려면 실패 확률이 높다. 작은 행동을 반복하며 점진적으로 확장한다. 작게 시작하는 것이 중요하다. 예를 들어, 명상 10분을 목표로 한다면 처음에는 1분만 시도하고 점차 늘려나간다.

넷, 신호-행동-보상의 3단계 루틴 구축하기

심리학자 찰스 두히그는 습관의 형성을 '신호 – 행동 – 보상'의 3단계로 설명한다.

신호: 행동을 촉발시키는 외부 환경 자극을 설정한다. 예를 들어 아침에 독서하는 루틴을 만들고 싶다면, 아침에 눈을 뜨자마자 발견할 수 있는 곳에 책을 놓아둔다.

행동: 루틴으로 설정한 핵심 행동을 실행한다. 예를 든다면 알람을 설정해놓고 그 시간까지 책을 읽는다.

보상: 루틴을 완료한 뒤 작은 보상을 한다. 독서 후 커피 한

잔을 마신다거나, 달성 체크리스트에 표식을 그려 넣는다.

다섯, 실패 허용하기

루틴은 100% 완벽히 지켜야만 효과가 있는 건 아니다. 유연성과 지속 가능성이 핵심이다.

하루 계획을 놓쳤다면, 절대 이틀 연속으로 실패하지 않겠다는 원칙을 세운다. 습관의 가장 큰 적은 '자기 비난'이므로, 실패해도 스스로를 탓하지 않는다.

> "성공은 날마다 반복되는 작은 노력의 합이다."
> - 로버트 콜리어

루틴은 단순히 하루를 계획하는 도구가 아니다. 당신의 삶의 에너지와 시간, 그리고 무엇보다도 심리적 안정감을 재구성하여 풍요롭고 심플한 인생을 도와주는 일종의 시스템이다. 자기계발 작가인 로버트 콜리어의 말처럼 성공은 어느 날 하늘에서 뚝 떨어지는 것이 아니라, 반복되는 작은 노력의 결실이다.

복잡한 세상에서 성취와 자유를 동시에 느끼고 싶다면, 최상의 루틴을 찾는 데 집중하라. 당신의 루틴이 곧 당신의 인생이다.

42

단순함 속 깊이를 더하는 배움

> 그러나 이 강연을 통해 번개처럼 깨달았다. 운명은 내가 만들어가는 것이며, 성공에 필요한 모든 것은 배움으로써 얻을 수 있다는 사실을! 이 단순한 깨달음은 보잘것없던 나에게 엄청난 동기부여가 되었고, 그로 인한 행동의 변화는 지금까지도 내 삶의 원동력이 되고 있다.
>
> - 브라이언 트레이시, 《행동하지 않으면 인생은 바뀌지 않는다》 중에서

당신은 계속 배움의 길을 가고 있는가? 아니면 학교를 졸업한 뒤로 책 한 줄 읽지 않으면서, SNS에서 떠도는 정보를 지식 습득이라고 착각하며 살아가고 있는가?

정신의학과 교수인 50대 후반의 E는 한때는 대학에서 가장 인기 있는 교수 중 한 명이었다. 미국 명문대에서 석·박사를 취득했고, 귀국해서 출간한 책은 베스트셀러가 되었다. 그 바람에 방송에 출연했고, 강연 요청도 쏟아졌다.

명성 덕분에 그는 동료들보다 일찍 정교수가 되어서 안정적인 삶을 유지할 수 있었다. 병원 진료, 대학 강의, 방송 출연, 광고 촬영, 인터뷰, 강연, 각종 세미나 등 스케줄로 꽉 찬 날들이었지만 그는 꾸준히 관련 서적과 잡지를 읽으며 학계 동향과 최신 트렌드에 귀를 기울였다.

인생의 최절정이었던 10년 전, 갑자기 딸아이가 사고로 세상을 떠났다. 슬픔에 젖은 그는 알코올에 의존했고, 술에 취해 있는 날들이 늘어나자 찾는 사람도 점점 줄어들었다.

'몸도 마음도 지쳐 있었는데, 차라리 잘됐어!'

슬픔은 뇌의 전전두엽 기능을 마비시켜 동기부여를 떨어뜨린다. 그는 우울증으로 인해 도파민 분비가 감소하면서 새로운 지식 탐구에 대한 흥미를 완전히 잃었다.

오랜 기간 칩거하다 보니 학계에서는 점점 잊혔고, 학교에서는 퇴물 취급을 받기에 이르렀다.

10년 남짓한 정체 기간에 뇌의 신경 회로는 빠르게 경직돼갔다. 배움을 멈춘 뇌는 톱니바퀴가 녹슨 시계와 같다. 움직이려 애쓰지만 제자리에서만 빙빙 돌 뿐이다. 인지적 유연성을 상실한 그는 강의 자료를 준비할 때도 옛날 방식을 고수할 수밖에 없었다.

학기가 바뀔 무렵이면 커뮤니티에 그에 대한 악평이 쏟아졌다. 학문에 대한 용맹한 호기심은 이빨 빠진 사자가 되었고, 태양을 찌를 듯 창처럼 반짝이던 날카로운 지식은 흐물흐물한 오뎅이 되었다며 조롱했다. 그의 자진 퇴진을 요구하는 글도 간간이 보였다.

'내가 왜 이렇게 됐지?'

그는 자신이 배움을 멈춰버린 데 대한 대가를 치르는 중이라는 사실을 잘 알았다. 더 늦기 전에 공부를 시작해야 한다는 사실도. 그러나 이상하게도 더 이상 공부에 대한 열정이 일어나지 않았다. 어쩌면 딸의 죽음과 함께 지적 호기심도 죽어버린 건지도 몰랐다.

세계적인 자기계발 전문가이자 베스트셀러 작가인 브라이언 트레이시의 《행동하지 않으면 인생은 바뀌지 않는다》는 성공한 사람들의 공통점으로 '아주 작은 행동의 누적'을 꼽으며, 작은 실천이 가져오는 놀라운 변화를 강조한다.

배움은 아주 작은 행동의 누적이다. 흔히들 단, 한 권의 책이나 누군가의 강연이 인생을 통째로 바꾸었다고 하지만 사실 그것은 '시작의 문'을 열어준 것에 불과하다.

심플한 삶이란 단순히 미니멀리즘이나 물질의 축소를 넘어 정서적, 인지적, 심리적 수준에서도 불필요한 요인들을 제거하고 본질에 집중하는 삶을 의미한다. 꾸준한 배움만이 심플한 삶에 깊이를 더해서 본질적인 삶에 대한 통찰력을 제공한다.

세상은 끊임없이 변화하며, 새로운 정보와 기술을 쏟아낸다. 꾸준한 배움은 우리의 뇌를 자극하여 '인지적 유연성'을 증진시키고, 변화에 대한 적응력을 높인다.

인지적 유연성이란 기존의 틀에 얽매이지 않고 정보를 새롭게 재구성하거나 다르게 접근하는 능력이다. 이는 삶에서 '필요한 것'과 '불필요한 것'을 분류한 뒤 불필요한 것을 제거해서, 삶의 우선순위를 명확히 인식하도록 돕는다. 즉, 인지적 유연성이 증진되면 복잡한 문제를 간단하게 해결할 수 있다.

또한 꾸준한 배움은 비판적 사고 능력을 향상시켜, 피상적인 정보와 핵심적인 정보를 구별하고, 오류나 편향을 인식하는 능력을 키울 수 있다.

다양한 분야의 지식을 탐구하고 철학, 역사, 예술 등 인간과 삶의 본질에 대한 깊이 있는 배움은 자기 성찰을 촉진하고 자신에 대한 이해의 폭을 넓혀줘서, 매슬로우 욕구이론 중 하나인 자아실현을 할 수 있다.

새로운 것을 배우고 성장하는 경험은 뇌의 보상 시스템을 활성화하여 긍정적인 감정을 유발하고 스트레스를 감소시키는 효과가 있다. 또한, 깊이 있는 몰입 학습은 현재에 집중하는 능력을 향상시켜, 불안과 걱정에서 벗어나게 하고 활력을 불어넣어, 정신 건강 증진에 기여한다.

심플한 삶을 위해 배움의 깊이를 더하는 방법에는 여러 가지가 있지만 여기서는 다섯 가지만 간략하게 소개한다.

★

하나, 본질적인 학습에 집중하기

광범위한 지식을 쌓기보다는 나의 인생 목표에 부합하는, 본질적인 학습에 집중한다.

학습적인 절제는 의사결정 피로와 정보 과부하를 줄이는 데 도움을 준다. 내면적 가치나 삶의 목적과 관련된 학습 주제에 에너지를 집중한다.

무작정 배움에 몰두하기보다는 스스로 질문을 던져 본질적인 학습인지 분류한다.

"이 학습은 더 나은 삶을 위한 필수적인 요소인가?"

"이 학습은 나의 현재 고민을 풀어주는 데 기여할 수 있는가?"

둘, 새로운 관점에서 보기

학습하다가 궁금한 점이 있으면 전문가는 물론이고, 다른 분야의 전문가와 생각을 공유하고 토론한다. 다양한 관점에서 문제를 바라보면 단순히 정보 축적 차원을 넘어, 신경가소성이 촉진되어 새로운 사고 네트워크가 형성된다.

셋, 자기 점검하기

배움의 깊이를 더하기 위하여 내가 하는 생각을 객관적으로 바라볼 수 있는 '메타인지' 능력을 활용한다.

자신이 학습한 내용을 얼마만큼 이해하고 있는지 스스로 설명하며, 이해한 부분과 부족한 부분을 체크한다. 스스로 퀴즈를 만들어 풀어보거나, 친구에게 가르치기도 자기 점검을 할 수 있는 좋은 방법이다.

넷, 실생활에 적용하기

배운 내용을 실생활에서 활용해본다. 기억의 강화는 학습된 내용을 실제 행동이나 경험으로 연결 짓는 과정에서 극대화된다.

예를 들어 새로운 시간관리 기술을 배웠다면, 일주일 동안 실제로 적용해보고, 그 결과를 기록하고 분석한다.

다섯, 공유하기

배움이 일정한 수준에 올랐다면 타인에게 가르치거나 강연이나 글쓰기를 통해 공유한다.

지식의 공유는 배움에 대한 이해도를 높일 수 있고, 질문에 대한 답을 하면서 깊이 있는 사고를 할 수 있다. 지식의 공유는 배움을 완성해가는 중요한 과정이다.

> "배움은 자신을 변화시키는 가장 강력한 무기이다."
> – 넬슨 만델라

심플한 삶에서 배움의 진정한 목적은 삶의 중요한 가치를 깨닫는 데 있다. 비폭력 저항 운동을 이끌어서 20세기의 위대한 지도자 중 한 명으로 널리 존경받는 만델라의 명언처럼 배움은 나 자신을 변화시키는 강력한 무기이다.

지속적인 배움은 '더 성장한 나'로 변화시키고, 궁극적으로는 더 심플하고 의미 있는 삶을 살도록 이끌어준다.

43

디지털 디톡스,
내면의 평화 찾기

> 이 세대에 만연한 불안을 해결하려면, 우리가 마주해야 할 두 마리 고래가 있다. 그것은 학교에서 휴대폰 사용을 금지하는 것과 더 많은 자유 놀이를 장려하는 것이다. 이 두 가지를 함께 실행한다면, 학교가 지금 취하고 있는 그 밖의 모든 조치를 합친 것보다 학생들의 정신 건강 개선에 훨씬 효과적이라고 믿는다.
>
> - 조너선 하이트, 《불안 세대》 중에서

당신은 디지털 디톡스를 실천하고 있는가? 아침에 눈뜰 때부터 잠들기 전까지 전자기기와 SNS에 사로잡혀 있지는 않는가?

전업 투자가인 40대 중반의 R은 간단한 아침을 먹고, 집에서 10분 거리에 있는 소호 사무실로 출근한다. 직장과 주식 투자를 병행하다가, 주식 투자에 자신이 붙어서 6년 전에 직장을 그만두고, 전업 투자가의 길로 들어섰다.

대학 재학 시절부터 시작해서 20년 경력인 데다 증권사에서 개최한 투자대회에서 우승한 전력도 있어서, 주식투자만큼은 '고수'라 할 수 있다.

그의 매매 기법은 우량주 눌림목 매매와 상한가 따라잡기다. 한때는 돌파 매매나 낙주 매매도 했지만, 마흔을 넘기고부터는 손놀림이 예전 같지 않아서 시늉조차 내지 않는다.

그는 며칠 전에 어처구니없는 실수를 저질러 큰 손실을 보았다. 매매에서만큼은 철저한 원칙주의자인데, 그날은 5% 이내 손절, 하락 물타기 금지 등등 여러 원칙이 한꺼번에 깨지면서 참사가 빚어졌다.

장이 시작하자마자 급등하는 종목을 발견하고, 상한가 근처에서 물량을 매집했다. 예상대로 오르락내리락하더니 상한가에 안착했다. 그런데 얼마 지나지 않아서, 갑자기 상한가가 풀리면서 폭락했다. 하락폭이 5%가 넘어서 손절해야 원칙인데, 반사적으로 하락 물타기를 했다. 잠깐 반등하는가 싶더니 다시 큰 폭으로 하락하자, 이번에는 미수까지 사용해서 풀로 매수했다.

하락은 30%가 빠진 뒤에도 멈추지 않았다. '설마?' 하는 사이에도 계속 하락했고, 하한가 부근까지 오자, 그는 아예 포기한 채 방치하기에 이르렀다. 장이 끝날 무렵에야 제정신이 든 그는 뒤늦게 눈물을 머금고 손절했다. 하락폭이 지나쳐서, 어렴풋이 짐작했지만 장이 끝나자 대주주가 배임 혐의로 경찰서에서 조사를 받고 있다는 뉴스가 떴다.

대체 얼마나 손실을 본 건가 싶어서 대충 계산해보았다. 1년 동안 야금야금 쌓아올린 수익이 단 한 번의 실수로 모두 날아가고 없었다.

'어떻게 해서 이런 참사가 빚어졌지?'

그는 자신의 최근 삶을 곰곰이 되돌아보았다.

주식 시장의 변동성이 커지면서 습득하는 정보의 양이 늘어났고, 분석 시간도 늘어났다. 그러다 보니 SNS를 통한 지인들과 대화도 잦아졌다.

잠자리에 누우면 좀처럼 잠이 오지 않았다. 정신적인 피로감을 잠시라도 해소하고자 유튜브를 보거나 영화나 드라마를 시청했다. 시청하는 사이사이 미국 장의 동향을 살피다 보면 새벽녘에야 잠깐 눈을 붙일 수 있었다. 정규 주식 시장이 끝나고 나면 잠깐 잠을 자지만, 하루 수면 시간은 모두 해봤자 서너 시간에 불과했다.

'수면 부족으로 집중력이 떨어진 건가? 아무리 그렇다 해도 손실이 눈덩이처럼 불어나는데, 시체처럼 아무 반응도 안 할 수

있지?'

그는 자신의 뇌에 문제가 생긴 게 아닌가, 의심스러웠다. 같은 실수를 반복할까봐 불안해서 사흘째 매매를 쉬는 중이었다. 아무리 생각해도 자신이 주식 초보나 저지를 법한, 비정상적인 매매를 했다는 사실이 믿기지 않았다.

뉴욕대학교 스턴 경영대학원의 윤리적 리더십 석좌교수이자 사회심리학자인 조너선 하이트의 《불안 세대》는 스마트폰과 소셜 미디어가 청소년의 사회적, 신경학적 발달을 저해하는 메커니즘을 심층적으로 분석하고, 그에 대한 해결책을 제시하고 있다.

디지털 기기로 인한 부작용은 비단 청소년의 문제만은 아니다. 앞에서 사례로 든 R 역시 디지털 기기의 과다 사용으로, 마치 컴퓨터에 랙이 걸리듯 뇌가 인지 과부하 상태에 빠져서, 판단력이 멈추는 바람에 벌어진 일이다.

과잉 정보 시대를 살아가고 있는 우리의 뇌는 매일 엄청난 양의 데이터, 알림, 이메일, SNS 피드 등을 처리한다. 이러한 정보 과부하는 의사결정과 집중력을 담당하는 부위인 전두엽에 지속적인 부담을 준다.

전두엽은 어떤 정보를 수용하고, 어떤 정보를 거부할지, 어디에 에너지를 얼마만큼 분배할지를 결정하는데, 정보 과부하 상태에서는 의사결정 피로를 초래해서 판단력과 인지 능력이 저하된다.

디지털 디톡스는 이런 정보를 일시적으로 차단함으로써 뇌가 효율적으로 작동할 여유를 제공한다. 특정 시간 동안 디지털 기기와 정보를 멀리하는 것만으로도 뇌의 과잉 부담이 감소하여 통제력을 회복할 수 있다.

스마트폰과 소셜 미디어는 짧고 강렬한 도파민 반응을 유도하여, 뇌가 신속한 보상을 계속 갈망하게 만든다. 이는 뇌의 도파민 수용체를 점차 둔감하게 만들어, 평범한 일상이 주는 보람이나 만족감을 앗아간다. 디지털 디톡스는 과잉 자극에서 잠시 뇌를 쉬게 하여, 도파민 시스템을 초기화하고 건강한 보상 체계를 회복하도록 돕는다.

또한 디지털 세계는 '사회적 비교'를 강화해서 결핍감을 느끼게 한다. 이는 자존감 하락으로 이어질 수도 있는데, 디지털 디톡스는 소모적인 비교와 경쟁의 굴레에서 벗어나 삶의 본질에 집중할 수 있는 기회를 제공한다.

우리는 의도적이고 계획적인 디지털 디톡스로 내면의 평화를 찾아야 한다. 여기서는 누구나 실천 가능한 네 가지 방법을 소개한다.

★

하나, 특정 시간대 단절하기

하루 중 특정 시간(예를 들면, 저녁 7시 이후)에는 스마트폰을 비행기 모드로 설정하고 정해진 장소에 놓아둔다. 주말에는 알림을 아예 꺼둔다.

디지털 기기는 지속적으로 주의를 끌기 때문에 뇌의 주의력을 소모시킨다. 그러나 일정 시간 동안 단절하면 복잡한 정보에서 해방되어 방전된 뇌가 회복된다.

둘, 시각적 부담 줄이기

스마트폰 홈 화면을 앱으로 가득 채우지 말고, 최소한의 필수 앱만 배치한다. 데스크톱 환경에서도 불필요한 탭과 윈도우를 정리한다.

우리의 뇌는 시각적으로 들어오는 정보를 계속 처리하려는 경향이 있다. 알림을 최소화하고, 화면 밝기를 조절하고, 흑백 모드를 활용하면 시각적 부담을 줄일 수 있어서 내면의 평화를 얻을 수 있다.

셋, 심리적 거리두기

일정 시간 동안 스마트폰을 아예 꺼둔다. 금요일 저녁부터 토요일 아침까지 꺼두거나, 여건이 된다면 주말 중 하루는 스마트폰 없이 보내는 '디지털 프리 데이'로 정한다.

디지털 기기를 하루 몇 시간이라도 사용하지 않으면, 우리의 머릿속에는 더 많은 여유 공간이 생기고, 이는 감정적 안정감과 자기 성찰로 이어진다. 이 시간 동안에 독서, 글쓰기, 산책, 명상 등을 하면 내면의 평화를 얻는 데 도움 된다.

넷, 유대감과 공감 능력 키우기

가족들과 식사 시간이나 대화, 혹은 놀이를 하는 동안 스마트폰을 모두 걷어서 완전히 시야에서 치운다.

디지털 디톡스를 통해 가족과 더 깊이 소통하고, 유대감을 강화하고, 공감 능력을 키우면 삶의 질을 높이는 데 큰 도움이 된다.

> "나는 지금까지 욕망을 채우려고 힘쓰기보다, 오히려 그것을 제한함으로써 행복을 찾는 법을 배웠다."
>
> - 존 스튜어트 밀

인간은 채워지지 않는 욕망을 끊임없이 추구한다. 의도적이고 계획적인 디지털 디톡스가 필요한 이유도 바로 이 때문이다. 영국의 정치가이자 사상가였던 존 스튜어트 밀의 명언처럼 우리는 절제력을 발휘해서 지나친 쾌락주의를 경계해야 한다.

디지털 디톡스는 내면의 평화를 찾고, 인간성을 회복하는 데 그 목적이 있다. 삶이 복잡해져서 나를 찾을 수 없을 때는 과감하게 세상과 연결된 끈을 끊어야 한다. 그것이야말로 잃어버린 나를 되찾는 유일한 비결이다.

44

가슴 뛰는 삶의 디자인,
버킷리스트

> 나는 서퍼가 된 내 모습을 상상하며 언젠가는 서핑을 할 거라고 생각했다. 마음속에 간직한 이 생각은 고된 인생을 잊게 해주는 환상 속의 피난처였다. 내 마음속에서 나는 항상 현재의 삶을 그만두고 작은 해변 마을로 이사 가서 아침에는 서핑을 하고, 오후에는 글을 쓰고, 저녁에는 책을 읽는 삶을 꿈꿨다. 하지만 '언젠가는'이라는 시간은 끝없이 미뤄질 수 있었다.
> – 톰 밴더빌트, 《일단 해보기의 기술》 중에서

당신은 가슴 뛰는 삶을 살고 있는가? 빛바랜 버킷리스트를 실현할 날을 꿈꾸며, 힘든 날들을 보내고 있지는 않는가?

중소기업을 운영하는 L은 55세가 되자 고민에 빠졌다. 사업을 시작했던 40대 초반에 작성한 버킷리스트에는 '55세에 은퇴하기'가 1순위였다. 그런데 막상 은퇴하려고 하니 상황이 그때와는 많이 달랐다.

버킷리스트 2순위는 '가족 여행'이었다. 아내는 류마티스 관절염으로 치료 중이어서 여행은커녕 가까운 곳에서 즐기는 캠핑마저 싫어했고, 딸은 결혼하자마자 박사학위를 받으려는 남편을 따라 미국으로 건너갔고, 아들은 로스쿨에서 공부하느라 여념이 없었다.

3순위는 '히말라야 트래킹'이었다. 55세에 은퇴하고, 가족 여행을 갔다 오고, 히말라야 트래킹을 즐기며 오랜 꿈을 하나씩 이루려고 했는데, 상황이 바뀌었으니 리스트 전체를 재검토해야 했다.

"내가 은퇴하고 히말라야 트래킹을 가겠다고 하면 아내는 나를 이기적인 인간이라고 생각하겠지? 그렇다고 아내가 완치되기만을 하염없이 기다릴 수도 없고…."

그는 한동안 고민하다가 버킷리스트를 찢어버렸다. 은퇴 후에 안정적인 삶을 살아갈 만큼의 여유 자금도 확보하지 못했고, 무엇보다도 버킷리스트를 실천하기에는 상황이 여러모로 여의치 않았기 때문이다.

"이럴 줄 알았더라면 바쁘더라도 시간을 내서 하나씩 실천할

걸…."

뒤늦게 후회했지만 이미 엎질러진 물이었다. 은퇴 시기도 정하지 못한 채, 아무런 즐거움도 없이 남은 삶을 계속 살아가야 한다고 생각하니 가슴이 답답했다.

미국의 저널리스트인 톰 밴터빌트의 《일단 해보기의 기술》은 성인이 되면 왜 새로운 기술을 배우기를 멈추는지, 그리고 서투름에 대한 두려움을 극복하고, 다시 초심자가 되는 즐거움과 변화의 힘에 대해 탐구하고 있다. 나이와 상관없이 새로운 것을 배우는 즐거움과 그 과정에서 얻는 개인적인 성장, 그리고 삶을 더욱 풍요롭게 만드는 경험을 따뜻하고 유쾌하게 그려내고 있다.

뇌는 생명의 안전을 최우선으로 생각하다 보니 나이를 먹을수록 보수적으로 변한다. 특히, 안전한 둥지를 박차고 나서는 일은 결단과 용기를 필요로 한다.

심플한 삶이란 자신이 진정으로 원하는 인생에 집중하는 삶이다. 버킷리스트는 단순한 소망 목록이 아니라, 삶의 방향성을 단순화해서 에너지를 집중시키는 강력한 도구이다. 복잡하게 얽힌 일상 속에서 무엇이 우리를 진정으로 행복하게 만드는지, 어떤 경험을 통해 삶의 의미를 느낄 수 있는지에 대한 깨달음을 준다.

버킷리스트를 작성하는 행위는 가슴 뛰는 삶을 디자인하는 것이다. 심리학적으로 살펴보면 인간은 외부의 압박보다 자율적으로 선택한 목표와 꿈을 추구할 때 더 높은 동기를 부여한다. '나를 위한', '내가 원해서' 작성한 버킷리스트는 강력한 동기를 부여해서, 삶의 우선순위를 명확히 보여준다.

버킷리스트는 통제력을 강화해서 주체적인 삶의 태도를 함양하고, 자기 효능감을 높여준다. 버킷리스트를 하나씩 실천해 나갈 때마다 뇌의 보상 시스템이 활성화된다. 행동이 보상으로 이어지는 사이클이 강화되면 삶의 질과 만족도가 커진다.

제한된 시간 속을 살아가는 인간에게 버킷리스트를 작성하고, 이를 실천해 나가는 과정은 더없이 소중한 경험이다. 우리로 하여금 '언제가'라는 안일함에서 벗어나 '지금, 이 순간'에 집중해서 살아가는 삶의 태도를 길러준다.

버킷리스트를 실천하려면 일단 작성할 때부터 전략적으로 접근해야 한다. 여기서는 버킷리스트 작성의 핵심이라 할 수 있는 네 가지 방법을 제시한다.

★

하나, SMART한 계획

명확한 목표는 집중력을 높이고, 목표 달성에 대한 확신을 준다.

심리학에서 효과적인 목표 설정을 위해 자주 언급하는 것이 SMART 프레임워크다. 버킷리스트를 작성할 때는 '구체적(Specific)', '측정 가능(Measurable)', '달성 가능(Achievable)', '관련성(Relevant)', '시간제한(Time-bound)'을 고려하여 목표를 설정한다.

둘, 신호-행동-보상의 3단계 루틴 활용하기

습관적인 루프는 실행 가능성을 높여준다.

신호: 목표를 쉽게 상기할 수 있는 물건을 가까운 곳에 배치한다. 예를 들어, 침대 옆이나 벽에다 세계지도나 여행 잡지 등을 배치함으로써 매일 목표를 상기시킨다.

행동: 목표를 매월, 매주, 매일 단위로 세분화해서 하나씩 실천한다. 작은 행동의 정기적인 반복이 실행 가능성을 점점 높여준다.

보상: 목표를 실행했으면 형광펜으로 지워나가거나, 자신에게 물질적 선물을 하거나, 자축하는 시간을 갖는다. 이는 도파민 분비를 촉진해서 추가 행동으로 이어진다.

셋, 목표 나누기

해보고는 싶지만 불가능할 것 같은 목표는 잘게 나눠서 실천한다.

뇌는 너무 커서 막연해 보이는 목표보다는 실행 가능한 작은 목표를 선호한다. 예를 들어, 책을 집필한다고 하면 '제목 정하기', '부제 달기', '목차 선정하기', '프롤로그 쓰기', '하루 500자 쓰기' 등 순서에 따라 잘게 나눠두면 목표 달성이 한결 쉬워진다.

넷, 리스트 다이어트하기

일단 버킷리스트를 모두 적어본 뒤, 나의 인생관과 가치관에 맞는 목표만 선별한다.

리스트를 줄이면 심리적 과부하를 줄일 수 있고, 자신이 진정으로 원하는 삶이 무엇인지를 자각함으로써 심플한 삶을 살 수 있다.

> "인생은 한 번뿐이지만 제대로 산다면 한 번으로도 충분하다."
> - 메이 웨스트

지금 당장 당신만의 가슴 뛰는 삶을 디자인할 버킷리스트를 작성하고, 오늘부터 하나씩 실천해보자. 미국의 배우이자 극작가였던 메이 웨스트의 말처럼, 인생은 제대로만 산다면 한 번으로도 충분하지 않겠는가.

인생은 자신이 주인공인 잔치이다. 언제까지 남의 잔치만 기웃거릴 것인가.

45
일상이라는 정원의
작은 꽃들

> 정말 행복한 사람이 되고 싶은가요? 그렇다면 먼저 '삶에서 내가 경험하는 일들은 저 바깥에 존재하는 것들을 어떻게 인지했느냐에서 온다'라는 생각을 받아들이기 바랍니다. 내 삶에서 벌어지는 일들은 모두 내 책임이라는 말입니다.
> - 웨인 다이어, 《인생의 태도》 중에서

당신의 일상에는 제비꽃 같은 작은 행복이 피어 있는가? 아니면, 아무리 눈 씻고 찾아봐도 짜증나고 분노할 일뿐인가?

이혼 전문 변호사로 한창 바쁜 날들을 보내고 있는 40대 후반의 S는 의뢰인을 만나서 업무를 마치고 돌아가는 길이었다. 서울 외곽에 자리한 동네를 지나는데 벚꽃 잎이 승용차 앞 유리창으로 떨어져 내렸다.

도로변에 줄 지어선 벚꽃나무를 보자 신혼 시절이 새록새록 떠올랐다. 버스 정류장 부근에 차를 세우고, 신혼집을 찾아갔다. 낡은 2층 빌라였는데 말끔한 5층 건물이 들어서 있었다.

'그새 많이 바뀌었네.'

그는 왠지 마음이 허전해서 돌아섰다. 다시 차에 오르려는 순간, 바람이 불어왔고 떨어진 벚꽃 잎이 일제히 하늘로 날아올랐다. 나풀거리며 떨어져 내리는 꽃잎을 보고 있는데, 버스 정류장에 한 여인이 여자아이의 손을 잡고 서 있었다. 익숙한 모습에 다시 보니, 아무도 없고 꽃잎만 흩날릴 뿐이었다.

아내와 결혼한 것은 사법고시를 공부하던 시절이었다. 4수 끝에 사법고시에 합격했을 때는 아이가 두 살이었다.

사법연수원을 수료한 그는 대형 로펌에 입사했고, 과다한 업무를 처리하느라 정신이 없었다. 밤늦게 귀가하면 아내가 어린 딸의 손을 잡고, 버스 정류장에서 기다리곤 했다.

"뭐 하러 나와 있어? 내가 언제 돌아올지 알고!"

그가 짜증을 내면 아내는 매번 날씨를 핑계 삼았다. 밤공기가 고양이털처럼 부드러워서, 빗소리가 피아노 건반 소리 같아서, 단풍 빛깔이 너무 고와서, 눈송이가 솜사탕 같아서.

아이를 낳아 애 엄마가 되었지만 아내는 처음 만났을 때처럼 여전히 소녀였다. 마치 한 떨기 수선화 같았지만 그때는 미처 아름다움을 발견하지 못했다.

시집을 즐겨 읽던 아내는 담장 아래 핀 제비꽃이라도 발견하면 그렇게 좋아할 수 없었다. 아이가 꽃을 꺾으려고 하면 예쁘면 눈에 담아두라면서, 인도의 시성 타고르의 말을 들려주곤 했다.

"꽃의 아름다움은 꺾을 수 있는 게 아니란다."

돌이켜보면 더없이 행복한 시절이었다. 그러나 그때는 전혀 몰랐다. 출세에 눈이 멀어서였을까? 아내와도 사소한 다툼 끝에 이혼했고, 딸의 양육권마저 포기했다.

그로부터 얼마 뒤 지인의 소개로 지금의 아내를 만나 결혼했고, 두 아이도 낳았지만 행복하지 않았다. 왠지 모르게 가슴 한 구석이 늘 허전했다. 그는 허전함을 메우기 위해 미친 듯이 일했고, 악착같이 돈을 모았다. 돈이 주는 기쁨이 감소하면서 점점 삶이 지옥같이 느껴졌다. 그럼에도 헤어지지 않는 것은 지금보다 더 불행해질까 봐 두렵기 때문이었다.

미국의 베스트셀러 작가이자 강연가인 웨인 다이어의 《인생의 태도》는 그가 인생 후반부에 쓴 책이다. 우리가 삶을 살아가면서 마주하는 다양한 문제와 어려움에 대한 해답은 외부적인 조건이 아닌, 우리 자신의 내면의 태도에 달려 있음을 강조하고 있다.

행복 또한 마찬가지이다. 일상이라는 이름의 정원에서 사소한 행복을 발견하겠다는 마음가짐과 태도가 심플한 삶을 만든다.

인간의 뇌는 금세 쾌락에 적응해서 초심을 유지하기 어렵다. 아무리 아름다운 풍경도 자주 보면 무덤덤해진다. 의도적으로 초심을 유지하려는 마음가짐과 태도가 필요한 이유이다.

매일 지나치는 공원길에서도 아침 햇살에 반짝이는 풀잎의 싱그러움, 나뭇가지 사이로 들려오는 새들의 흥겨운 노랫소리, 얼굴을 스치는 부드러운 바람의 감촉에 주의를 기울이면, 매번 새롭고 싱그러운 행복을 발견할 수 있다.

지나친 기대감은 행복감을 감소시킨다. 기대치를 낮춰서, 이상적인 날씨가 아니더라도 간간이 비치는 따뜻한 햇살, 친구와의 대화 같은 사소한 것에서 즐거움을 찾는다면 삶의 만족감은 높아진다.

그렇다면 일상에서 사소한 행복을 발견하는 기술적인 방법에는 어떤 것들이 있을까? 여기서는 누구나 실천 가능한 네 가지 방법을 소개한다.

★

하나, 감각 일깨우기

일상에서 다섯 가지 감각(시각, 청각, 촉각, 후각, 미각)에 주의를 기울인다.

과거에 대한 후회나 미래에 대한 불안에서 벗어나 현재에 집중하는 첫걸음은 바로 오감을 통해 현재를 생생하게 느끼는 것이다. 예를 들어, 음식을 먹을 때는 눈으로 살피고, 냄새를 맡고, 촉각을 느끼고, 미각으로 음미하고, 마지막으로 청각으로 음식 고유의 소리를 듣는다. 하나하나 집중하면 무뎌진 오감을 일깨울 수 있다.

둘, 1분 명상하기

생활하다가 1분씩 지금 이 순간을 인지하는 명상을 한다.

일을 하다가 잠시 쉴 때 해도 되고, 길을 걷다가 멈춰 서서 해도 된다.

잠시 눈을 감고, 깊게 숨을 내쉬며 주위의 소리에 귀를 기울이거나 자신의 몸 상태 등을 차분히 관찰한다. 마음 챙김 명상은 편도체의 과잉 활성화를 억제하고, 이성적 사고의 영역인 전두엽을 활성화시킨다.

셋, 감사 일기 쓰기

매일 밤, 세 가지 감사한 일을 적는다.

감사 일기는 인지 구조를 바꾸는 강력한 도구이다. 작고 사소한 것이라도 감사하는 마음을 갖게 되면 감정이 풍성해진다.

감사 일기를 쓰면 세로토닌과 도파민이 분비되어 긍정적인 기분을 형성한다. 긍정 사이클이 형성되면 삶의 만족도도 높아진다.

넷, 부정적인 상황 재구성하기

　부정적인 상황을 경험했을 때 장점을 찾아내 재구성한다.

　부정적인 상황을 긍정적으로 재구성하는 연습은 일상에서 행복을 발견하는 능력을 키워준다. 낙천성을 높여줌으로써 긍정적인 뉴런 연결을 강화한다.

　"행복은 사소한 일에서 곧바로 즐거움을 알아채는 것이다."
　- 휴 월폴

　행복은 먼 곳이나 미래에 있지 않다. 창가에 놓인 화분의 꽃 한 송이, 따뜻한 햇살, 한 잔의 커피에도 행복이 깃들기에는 충분하다. 뉴질랜드 태생의 소설가이자 극작가였던 휴 월폴의 명언처럼 사소한 일에서 곧바로 즐거움을 발견할 수 있다면, 최소한 S처럼 과거의 행복을 뒤늦게 알아채고 후회하는 일은 없으리라.

　심플한 삶이란 허영심, 질투, 후회, 불안, 분노 등을 걷어낸 진솔한 감정으로 마주하는 삶이다. 일상이라는 정원에 핀 작은 꽃들을 발견하고, 가꾸어라. 사소한 곳에서 행복을 발견하지 못한다면 어디에서 행복을 찾으려는가.

생각이 너무 많은 당신에게

초판 1쇄 발행 2025년 07월 21일
초판 4쇄 발행 2025년 12월 18일

지은이 | 한창욱
펴낸이 | 최윤하
펴낸곳 | 정민미디어
주 소 | (151-834) 서울시 관악구 행운동 1666-45, 3층
전 화 | 02-888-0991
팩 스 | 02-871-0995
이메일 | pceo@daum.net
홈페이지 | www.hyuneum.com
편 집 | 미토스
표지디자인 | 강희연
본문디자인 | 디자인 [연;우]

ⓒ 한창욱

ISBN 979-11-91669-93-0 (03320)

※ 잘못 만들어진 책은 구입처에서 교환 가능합니다.